Devenir **pleinement** et **sereinement** soi

Bon à savoir

Dans ce livre, je donne des conseils personnels dans une approche holistique. En aucun cas, il ne doit servir à une quelconque forme d'automédication pas plus qu'il n'est destiné à se substituer à un traitement médical. Avant de réaliser les exercices ou les soins, parlez-en à votre médecin.

ISBN : 978-2-412-06196-1
Dépôt légal : mars 2021
Imprimé en Espagne

Mise en pages : Capucine Deslouis
Suivi éditorial : Fabienne Travers
Correction : Odile Duburcq
Stylisme :

Éditions First, un département d'Édi8
92, avenue de France
75013 Paris
France
Tél. : 01 44 16 09 00
Fax : 01 44 16 09 01
Email : firstinfo@efirst.com
Site internet : www.editionsfirst.fr

Delphine Wespiser

Devenir pleinement et sereinement soi

Photographies de Laurence Laborie
Illustrations de Océane Juille @nocëaë

FIRST
ÉDITIONS

Sommaire

Avant-propos

Pour celles et ceux qui ne me connaissent pas, je m'appelle Delphine Wespiser. Miss France 2012, j'évolue à la TV comme dans la vie avec naturel. Vous avez peut-être entendu parler de Blanche et de sa sœur jumelle, Rouge, deux personnages que j'incarne dans l'émission Fort Boyard. Ou connaissez-vous mon engagement pour la préservation de la nature et le respect des animaux ?

Quoi qu'il en soit, vous vous demandez peut-être pourquoi j'ai écrit ce livre.

Je suis partie de ce constat que nous sommes nombreux à faire : à l'heure et l'omniprésence du tout instantané, de l'échange virtuel, des relations souvent tumultueuses et éphémères tissées sur les réseaux parfois à partir du simple échange d'une photo, du zapping permanent, nous nous mentons souvent, nous aimons mal, nous nous aimons mal, nous négligeons notre alimentation, nous perdons notre énergie et nous ne laissons plus le temps à notre corps de se régénérer. Vient le jour où nous ne supportons plus notre vie en « désordre », affectivement, physiquement et socialement. Si nous avons le droit de nous sentir déphasés à un moment ou autre de notre vie, nous avons le devoir de cerner nos difficultés et nos mauvaises habitudes pour tenter de changer les choses.

Justement, comment y remédier, repartir sur de bonnes bases, bien s'alimenter, se préserver, s'aimer, ouvrir son cœur, pour se sentir enfin « soi », pleinement et sereinement ?

C'est ce projet de vie que j'ai voulu partager avec vous, dans ce livre authentique, résolument positif, optimiste et créatif. Je vous donne ici, avec générosité, naturel et sans fard aucun, les clés de mon équilibre, ce qui me permet de me sentir VRAIMENT BIEN aujourd'hui, tant physiquement qu'émotionnellement.

Alimentation, beauté, mode de vie, phytothérapie, approches alternatives, pleine conscience, spiritualité… Je vous invite à flâner d'une page à l'autre parmi ces thématiques, à découvrir mes réflexions et à écouter votre ressenti.

Ce livre est la somme de mes expériences, heureuses et moins heureuses. Mon cheminement m'a permis d'être telle que je suis aujourd'hui : une femme libre et enfin apaisée.

Qui aurait pu penser à l'époque que le garçon manqué que j'étais serait un jour une reine de beauté ? Aurais-je pu deviner que j'allais réussir à transformer mes doutes, mes faiblesses, ma différence en forces personnelles ?

J'ai eu des déclics, des passerelles, qui m'ont permis d'avancer chaque fois encore un peu plus vers celle que je suis, et qui, je l'espère, nourriront votre pensée pour trouver votre propre chemin.

Le but de ce livre ? Renouer avec la personne que vous êtes véritablement en partant de l'extérieur (votre corps et ce qui vous entoure) pour aller au plus profond de vous (et trouver votre âme).

J'espère que vous aussi pourrez devenir pleinement la personne que vous êtes et accéder au bonheur que vous méritez, au vrai bonheur et à la sérénité auxquelles nous aspirons tous.

Introduction

Bienvenue dans ce voyage en vous, pour vous et avec vous !

Me voici votre commandante de bord. Comme dans tous les voyages, il y aura des étapes. Peu importe le temps que celui-ci prendra, l'idée est d'aller à votre rythme. Entre deux conseils pratiques, je vous parlerai de mon parcours et partagerai mes expériences personnelles. Sentez-vous libres de lire les pages qui vous intéressent dans l'ordre et le désordre et revenez-y autant que vous le souhaitez, selon votre ressenti et en fonction de vos besoins du moment.

Avant le départ, pour éviter les turbulences, je vous demanderai d'éteindre vos téléphones afin d'éviter toute interférence d'ego entre vous et les réseaux sociaux. Je vous propose une première escale à la rencontre de votre corps souvent malmené, non écouté, archisédentaire, pour lui donner un nouveau souffle. Au programme, de la respiration, des exercices de yoga, de fitness, mais aussi mes soins beauté maison préférés pour un corps sain et détoxifié.

De là, nous irons rejoindre une nouvelle contrée : il s'agit de découvrir une autre alimentation, celle qui sera votre première médecine. Nous partagerons mes aliments phares ainsi que quelques délicieuses recettes, colorées et parfumées, véritables alliées pour votre corps. Ces recettes que j'ai créées au fil des années selon un mode de vie tourné vers le vivant et le végétal se dégustent avec gourmandise et sans modération.

Enfin, nous poursuivrons le voyage en direction de l'île du psychisme : je vous emmènerai vers votre moi profond pour amorcer un vrai changement, le plus beau puisqu'il vous permettra d'être enfin VOUS. Non pas la personne que les autres pensent percevoir ni celle que vous voyez, mais celle que vous êtes au fond de vous et qui mérite de voir le jour et d'être accueillie et développée. Vos anges protecteurs vous épauleront et votre intuition saura vous guider. Vraiment, faites-moi confiance.

Ce livre n'est pas une énième méthode avec de grands principes sur comment être heureux, perdre du poids et rester en bonne santé, il se veut être comme une amie qui vous donnerait de bons conseils : j'imagine votre regard qui danse sur ces lignes. Je suis là et vous envoie mes bonnes énergies.

À ceux qui me demandent quelle sera la météo pendant le voyage, il se peut qu'il y ait du soleil et de la pluie, des tempêtes, alors, n'oubliez pas votre crème solaire et votre ciré ! Car, oui, la météo sera changeante, le chemin parfois ponctué d'obstacles, mais, pour autant, pas de quoi avoir peur : après la pluie vient toujours le soleil, et vous verrez, il sera grand, et la vue tout en haut magnifique !

Je vous souhaite le plus beau des voyages. Attachez vos ceintures, c'est parti pour le décollage ! Promis, tout ira bien.

Mais d'où partons-nous ?

« Salut ! Ça va ?

— Bien, et toi ? »

À cette question, nous répondons tous la même chose, quoi qu'il arrive.

Et si nous arrêtions de faire semblant ? Et si nous exposions nos failles et nos doutes pour les transformer en apprentissage et en force ? Tout le monde fait des expériences. Grâce à elles, nous sommes plus forts, nous savons ce que nous aimons vraiment, ce que nous ne voulons plus et nous comprenons pourquoi. En définitive, nous devenons plus nous-mêmes et nous nous rendons disponibles pour accueillir notre vrai bonheur. Chaque expérience est là pour nous apprendre quelque chose et nous rapprocher un peu plus de la personne que nous sommes.

Dans ce livre, c'est de votre vraie vie et de votre vrai vous que nous allons parler. Pour cela, je vais vous donner les différentes clés qui ont marché pour moi. Je partagerai mes astuces beauté, sport, alimentation, mais aussi mes petits gris-gris comme mes réflexions sur le développement personnel et mes prises de conscience. Certains passages vous sembleront familiers, résonneront en vous, d'autres non. Certaines choses vous seront déjà acquises, d'autres, au contraire, vous inviteront à réfléchir.

Attention, chaque conseil vient de ma propre réflexion, je ne suis ni diététicienne, ni psy, ni esthéticienne ou encore médium.

Quoi qu'il en soit, tout ce dont je vais vous parler ici a fonctionné pour moi. Aussi, c'est à cœur ouvert que je vous dévoile mes secrets comme le ferait votre meilleure amie à qui vous pouvez nuancer votre réponse au fameux « salut, ça va ? ». Car le but premier de ce livre, c'est d'échanger avec sincérité et bienveillance : à défaut d'être auprès de vous, je vous invite avec mes mots à dialoguer avec vous-même pour vous trouver. Vous serez étonné du résultat !

Certaines pages seront comme ma chambre d'ado ou mon goût pour la décoration, c'est-à-dire chargées et généreuses, d'autres seront engagées et très colorées ! Alors ne vous effrayez pas et allez jusqu'au bout de votre lecture. Promettez-le-moi, comme de ne pas me juger non plus. Peut-être vous faudra-t-il relire plusieurs fois des passages pour en saisir la teneur. C'est tout à fait normal, moi, il m'a fallu des années et des expériences plus ou moins éprouvantes avant de comprendre certaines choses. Et si parfois nous voyons clair sur ce qui se passe dans notre vie, nous n'arrivons pas toujours à prendre les bonnes décisions, efficaces et durables. Je vous dis tout cela afin de comprendre qu'il est normal de ne pas savoir appliquer toutes les clés, aussi, nul besoin de culpabiliser. De mon côté, il me reste encore à m'armer de courage et à faire de nombreux efforts pour mettre en pratique tous les principes bien-pensants que je partage avec vous.

Certains d'entre vous me demandent comment je fais pour avoir toujours le sourire aux lèvres, une belle peau, une chevelure flamboyante. Comment garder son optimisme et être heureux ? Je vais partager avec vous un premier secret : personne n'est parfait. Puisque nous ne sommes pas ici sur les réseaux, mais bien dans la vraie vie, en quête de vrai sens, je rectifie d'emblée : moi aussi, comme vous peut-être, j'ai des hauts et des bas, mais chaque jour, je tends le plus possible à être « moi-même », en accord avec mon cœur, mon corps et mon esprit. J'essaie d'être la meilleure version de moi-même pour rayonner ; c'est sans doute cette lumière que vous percevez.

Imaginez-vous dehors, la nuit. Vous distinguez au loin des maisons. Certaines sont inhabitées, sans âme, tandis que d'autres brillent de la douce lumière du foyer. La maison, ses murs, c'est vous, votre corps physique. Votre vrai vous, c'est la lumière qui habite cette maison et la remplit de chaleur et d'amour. Ne laissez pas votre maison inhabitée, elle n'attend que vous ! Vous y serez à l'aise pour grandir, vous épanouir et prendre les bonnes décisions pour votre vie. Ne perdez pas de temps à divaguer hors de votre vrai vous. Pour ma part, j'ai accepté de laisser entrer mon âme dans cette maison, dans mon vrai moi auquel j'ai accès aujourd'hui. Depuis, je suis en accord avec moi-même.

Il faudra aussi prendre soin des fondations de cette maison : c'est l'image de votre « moi » physique, celui que vous pouvez préserver en choisissant de bien manger, de bouger suffisamment et de prendre soin de vous. Votre « moi » physique vous fera peut-être centenaire en bonne santé ! Quant à votre vrai « MOI », il vous permettra, à cet âge que je vous souhaite d'atteindre, de vous retourner sur votre vie, satisfait de ce que vous y avez accompli, en ayant toujours eu l'impression d'être à votre place !

Mais assez parlé, venons-en à vous : comment vous sentez-vous ?

Prenez le temps de vous poser, peut-être de vous observer avec indulgence dans un miroir. Que voyez-vous ? Comment vous sentez-vous dans votre corps ? Et dans votre tête ? Qu'aimeriez-vous changer dans votre vie ?

N'hésitez pas à écrire ici vos constats actuels ou vos souhaits, même les plus fous, et revenez-y régulièrement durant votre lecture… et puisque chaque page vous apportera évolution et prise de conscience, mon petit doigt me dit que vous serez étonné du changement qui s'est déjà produit en vous ! La preuve ? Lorsqu'un ami sincère vous demandera comment vous allez, votre réponse sera certainement « Mieux ! » ou, et je vous le souhaite de tout cœur, « Je vais bien, je suis sincèrement et pleinement bien en moi, bien avec moi. » C'est ce que j'espère de tout cœur !

Le corps
bien plus qu'une enveloppe physique

Et si vous preniez soin de vous ?
Il serait temps d'écouter tous les signes que votre corps vous envoie. Redonnez un nouveau souffle à votre corps malmené par l'alimentation, le manque d'activité physique et la sédentarité grâce à un programme complet.

Et si on commençait par la base ? Si on réapprenait à respirer ?

La respiration est la source d'énergie la plus simple qui soit, c'est la vie. Pourtant, nous n'apprenons pas à bien respirer, et la plupart du temps, nous avons le souffle coupé ou minimal, nous sommes comme en apnée. En oubliant de respirer, nous nous privons d'une bonne oxygénation de nos cellules et du renouvellement de notre énergie, nous sommes à bout de souffle, c'est le cercle vicieux.

Lorsque nos émotions nous jouent les montagnes russes, lorsque nous nous sentons hypersensibles ou tendus avant un enjeu important, avant de prendre une décision ou même avant de se jeter sur une tablette de chocolat pour soulager nos angoisses, il faut penser à RESPIRER !

La respiration consciente et profonde est un véritable outil antistress, elle nous aide à ramener le calme, la sérénité et le bien-être en nous. Elle peut se pratiquer à n'importe quel moment, n'importe où (au bureau, dans les transports, etc.) quand le besoin s'en fait sentir.

La respiration ventrale

La respiration ventrale (ou abdominale), en plus d'insuffler plus d'oxygène dans nos poumons, est bonne pour nous calmer, nous régénérer, souffler ; elle favorise aussi la concentration et la digestion.

- Assis le dos bien droit, posez une main sur la poitrine, l'autre sur le ventre.
- Inspirez par le nez – la main sur votre ventre monte –, retenez votre respiration une ou deux secondes, puis expirez par la bouche tout doucement, en faisant sortir un filet d'air le plus longtemps possible – la main sur le ventre redescend. L'autre n'a presque pas bougé.
- Recommencez au moins 10 fois cette respiration. Votre ventre va gonfler et se dégonfler, telle une vague qui va le masser et le détendre.

La cohérence cardiaque

En cas de mental agité, d'émotions qui vous débordent, faites cet exercice de cohérence cardiaque, parfait pour réguler les émotions et diminuer le stress.

- Assis, le dos bien droit, respirez lentement et profondément en gonflant le ventre : inspirez profondément par le nez pendant 4 temps. Retenez votre respiration dans les poumons pendant 4 temps. Puis expirez lentement pendant 8 temps par la bouche, comme si vous souffliez dans une paille. Imaginez que l'air qui sort de vous est sombre, presque noir, vous vous déchargez de toute peur, colère, stress...
- Laissez 2 temps de flottement et inspirez en visualisant l'air qui entre dans vos poumons, cette fois lumineux et brillant.
- Recommencez deux fois avant d'accueillir ce qui se passe en vous.

Cette augmentation de la ventilation permet une meilleure oxygénation des tissus, du sang et du cerveau. Émotions et angoisses passagères s'envolent et perdent de leur importance.

Le 365

La cohérence cardiaque est une méthode respiratoire qui permet de réguler le rythme cardiaque en cas de stress, d'anxiété ou d'émotion forte afin d'envoyer un message rassurant au cerveau. Son effet apaisant est immédiat. Pour le faire durer, entraînez-vous au 365 :

- **3 pour 3 fois par jour (matin, midi et soir) ;**
- **6 pour 6 respirations complètes (ou cycles respiratoires) par minute ;**
- **et 5 pour le faire pendant 5 minutes.**

Plus vous ferez cet exercice, plus vous entrerez en cohérence cardiaque facilement et rapidement en cas de besoin, même lors d'une insomnie !

Dans la journée, n'oubliez pas de (bien) respirer ! Réaliser ces exercices le soir pourra également vous aider à vous endormir...

Respirez l'air pur, pas celui de votre cigarette

La cigarette est l'une des dépendances légales, démocratisées, pour laquelle il n'y a pas vraiment de tabou, contrairement à l'alcool. Consommés à l'occasion, ces deux fléaux se révèlent festifs, sociaux et sympathiques si bien que ne pas fumer ni boire vous catalogue comme étant « trop sains », limite « pas drôles ». Alors, imaginez si vous ne cumulez ni viande, ni tabac, ni alcool et que vous n'aimez pas le café : vous êtes au summum du « chiant » ! Pourtant, ces produits « très cool » tuent et brisent des familles. Ces prises addictives, irrépressibles, liées à une dépendance chimique, mais aussi comportementale (réflexe conditionné) et psychoaffective (piège du faux plaisir), révèlent un besoin d'amour profond, celui de se rassasier avec des substances prétendument euphorisantes, comme l'alcool et même la nourriture ! Certains ont pourtant tout pour être heureux, mais respirent plus de volutes de fumée que d'air pur…

Une émission scientifique montra un jour la vie de sœurs jumelles suivies pendant plusieurs années. Enfants, elles se ressemblaient énormément, en vraies jumelles. Leurs choix de vie, en revanche, ont été différents au fur et à mesure des années. Puis, le reportage les présenta alors qu'elles avaient 60 ans. L'une était fumeuse depuis des décennies, l'autre non. J'ai été choquée en voyant leur visage sur le même écran : celle qui avait fumé toute sa vie semblait avoir vingt ans de plus, elle avait une peau grise, des dents « pourries » et des yeux bouffis. Cela m'a fait l'effet d'un déclic : j'ai décidé de ne plus jamais toucher à une cigarette. J'espère que vous aurez aussi ce déclic.

Astuces pour décrocher en douceur

- Arrêtez la cigarette du matin, qui à jeun, est un réel déferlement toxique dans le corps qui vient à peine de finir son travail de purification pendant le sommeil. Préférez commencer la journée avec un verre d'eau tiède mélangée au jus d'un demi-citron. Puis faites des exercices de respiration et de fitness disséminés dans ce chapitre pendant une dizaine de minutes. Pourquoi pas sous forme de défi ? Faites chaque jour une pompe de plus pour un jour de plus sans addiction. Le tout obligera votre corps à se concentrer sur son souffle de vie qui, par définition, est à base d'air pur et non de fumée !
- Évitez les « rituels associatifs » comme le café-cigarette, l'alcool-cigarette, les amis-cigarette, etc.
- Essayez de faire un footing d'environ 30 minutes par jour. Oui, c'est difficile, mais toujours moins que de ne pas fumer pour un fumeur ! Ainsi, vous concentrez toute votre énergie à vous faire violence pour aller courir tous les jours, vous en oubliez votre combat initial. Car lorsque vous vous époumonez par le sport, vous n'avez plus envie de vous époumoner par la cigarette ! L'effort physique procure au corps et à l'esprit encore plus d'endorphines (hormones du bonheur) que la prise d'une cigarette, vous n'aurez donc pas de manque ; en revanche, vous aurez un double bénéfice : santé, silhouette affinée et, surtout, fierté d'avoir remporté cette victoire !

Bouger, c'est bon pour le corps, les neurones et le moral !

Bouger, vous le savez, c'est indispensable pour rester en forme, se muscler, évacuer le stress et avoir le moral. Mais saviez-vous que l'exercice physique stimule aussi les neurones ? Au-delà de l'effet euphorisant provoqué par la sécrétion d'endorphines et de la régulation de l'humeur par la sérotonine, le sport augmente la matière grise et produit de nouveaux neurones ainsi que de nouvelles connexions entre eux. À la clé, une meilleure mémoire et une augmentation des performances cognitives. Plus d'hésitation, pour le bien-être de notre corps, mais aussi de notre tête. Chaussons nos baskets !

Ma routine pour bien démarrer la journée

Voici ma routine pour me réveiller en douceur, me sentir bien, physiquement et mentalement, même après une petite nuit ! Elle m'a été soufflée par **Julie, de @happyngood**. Chaque exercice de yoga dure 30 secondes, très facile à caser même dans une journée bien remplie !

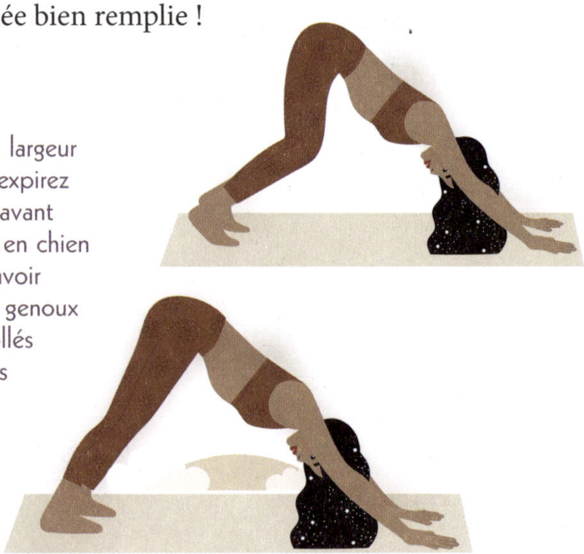

1

Les pieds écartés de la largeur des hanches, inspirez, expirez et penchez-vous vers l'avant pour venir vous mettre en chien tête en bas. Veillez à avoir le dos plat (gardez les genoux pliés et les talons décollés si nécessaire), les fesses pointent vers le ciel.

2

Descendez le bassin pour venir en chien tête en haut. Le poids du corps repose sur les bras tendus mains au sol, la tête est relevée en arrière.

3

Debout, les pieds joints, jambes tendues, bassin légèrement rétroversé (comme si vous décambriez), inspirez, levez les bras vers le ciel et expirez en vous penchant d'un côté tout en basculant le bassin de l'autre pour garder l'équilibre. Répétez deux fois de chaque côté.

4

À genoux, tendez une jambe derrière en posant le genou au sol ; avancez l'autre jambe en ramenant la cuisse contre la poitrine, le genou au-dessus du pied. Dans cette position, abaissez la hanche et maintenez la posture 30 secondes avant de faire la même chose de l'autre côté. Cet exercice étire le muscle psoas, à l'origine de nombreuses blessures (en particulier si vous courez).

5

Allongez-vous sur le dos et ramenez un genou vers la poitrine. Fléchissez jusqu'où vous pouvez et maintenez 30 secondes. Reposez doucement le pied et faites la même chose de l'autre côté. Parfait pour soulager les fessiers et les lombaires.

6

Toujours allongé, pliez les deux genoux. La jambe droite est pliée, le pied en appui au niveau de la cheville sur la face avant de la cuisse gauche. Attrapez avec vos mains la cuisse gauche (en passant sous le genou) et amenez le genou gauche vers la poitrine. Maintenez 30 secondes dans votre position maximale avant de faire la même chose de l'autre côté.

Mes exos préférés pour un corps ferme et gainé

Au programme, une remise en forme des abdos, mais aussi un renforcement musculaire des bras, cuisses et fessiers, sans oublier le dos : quatre exercices pour tout et bien travailler. Normal, **le coach Alexandre Rea @rea_alexandre** m'a coachée ! Au fur et à mesure, augmentez le nombre de répétitions.

Sit-up 1

Super exercice pour travailler la sangle abdominale.

- Asseyez-vous en tailleur, placez vos talons au plus près des fesses, les semelles face à face.
- Inspirez et expirez en descendant lentement en arrière, les bras tendus et allongés derrière la tête.
- Inspirez et remontez les bras le plus loin possible devant.
- Descendez et remontez doucement, en expirant, périnée engagé (aspirez votre nombril), sans contraintes ni à-coups.

2 *Dips*

Indispensables pour galber les triceps et éviter l'effet chauve-souris sous les bras !

- Sur un support (banc, chaise, canapé, escalier, etc.), posez les mains en appui en arrière, les mains avec les doigts en direction des fessiers.
- Descendez les pieds plats, sans dépasser les 90° avec les coudes, de façon fluide, la colonne doit glisser le long du support.
- Remontez en expirant, talons bien plantés, pointes des pieds en l'air. Sortez la tête des épaules en permanence.

3 Squats

Incontournables pour travailler tous les muscles et les articulations du bas du corps (cuisses et fessiers en particulier).

- Inspirez, fléchissez les genoux et descendez comme pour vous asseoir loin en arrière. Le poids du corps est entièrement sur les talons. Les genoux sont légèrement écartés vers l'extérieur, pas en avant !
- Expirez en remontant.

Planche 4

Le gainage sollicite la plupart des muscles du tronc mais permet surtout de renforcer les muscles superficiels et profonds des abdos (droits, transverses, obliques). Il protège les disques intervertébraux en développant la tonicité du dos. Bref, un exercice complet pour finir en beauté !

- Placez-vous en planche, mains écartées de la largeur des épaules, pointes de pied plantées dans le sol, jambes tendues. Le regard porte devant mais la nuque n'est pas cassée.
- Respirez calmement et tenez, tenez. Quand les bras commencent à trembler, il est temps de vous reposer. Commencez par tenir 30 secondes, puis montez progressivement votre durée.

Pour aller plus loin

Voici quelques exercices pour progresser à votre rythme, inspirés par **Justine Gallice @justinegallice**.

Abdos : 1 jambes tendues alternées

- Allongez-vous sur le dos. Groupez les jambes en amenant les genoux au-dessus du bassin (les bras restent le long du corps). Contractez la sangle abdominale pour plaquer les lombaires au sol, aspirez au niveau du nombril et serrez le périnée.
- Maintenez cette position en tendant une jambe de façon alternée, comme si vous pédaliez, sans relâcher la position du bassin et la contraction de la sangle.

Réalisez 3 à 4 séries de 10 à 15 répétitions avec 30 secondes de récupération.

Bénéfices : cet exercice permet de ressentir rapidement une brûlure sur les abdominaux et d'obtenir un ventre plat grâce à la contraction des abdominaux profonds tout en préservant le périnée (il ne « pousse » pas le ventre vers l'avant, ce qui est parfois le cas avec des abdominaux classiques en crunch [enroulement vertébral]).

2 Planche avec déplacement de bouteille d'eau

Réalisez 3 à 5 séries de 30 secondes à une minute avec 30 secondes de récupération.

Bénéfices : c'est l'exercice le plus complet pour travailler ses abdos, améliorer sa posture en rentrant le ventre de manière naturelle tout en préservant son dos. Il permet aussi de travailler les obliques pour nettement progresser au niveau de la silhouette globale du ventre. De plus, il active aussi le cardio !

- Pour travailler correctement votre gainage, faites une planche en poussant fortement le sol avec les mains, en rentrant le bassin (plutôt que de sortir les fesses en arrière et de cambrer le dos) tout en serrant volontairement les abdominaux.
- Maintenez cette contraction permanente en venant déplacer une bouteille d'eau de la droite vers la gauche et en changeant de main. Attention, les hanches ne doivent pas « basculer » !

3

Squat bulgare

Réalisez 10 à 15 répétitions, puis changez de jambe pour effectuer aussitôt 10 à 15 répétitions sur l'autre jambe. Récupérez une minute avant d'enchaîner 3 fois pour les niveaux intermédiaires, jusqu'à 5 fois pour les confirmés.

Bénéfices : c'est l'exercice ultime pour développer, raffermir, tonifier et dessiner ses fessiers sans besoin de machine ! Le poids du corps sur une jambe et les petits haltères vous mettront au défi et vous permettront d'obtenir très rapidement des résultats. Le mouvement est complet, le cardio s'enclenche nettement pour activer l'effet « fat burner » (brûleur de graisse) tout en ciblant spécifiquement des fessiers rebondis et harmonieux. À essayer d'urgence !

Debout devant une chaise, prenez des haltères ou des bouteilles d'eau (veillez à utiliser une charge que vous êtes capable de tenir sur toutes les séries), et placez votre pied derrière vous en déposant le coup de pied à plat sur la chaise (ou le support de votre choix).

Effectuez des flexions-extensions contrôlées : descendez le genou le plus bas possible tout en gardant le buste droit !

Full body

Vous pouvez réaliser une séance, du corps entier, en enchaînant les exercices à la suite. Récupérez une minute trente à la fin de votre « tour », puis répétez l'ensemble au moins 3 fois.

Se détoxifier, pour se purifier et relancer la détox naturelle

Jour après jour, des déchets sont générés dans notre corps par le stress, la sédentarité, les émotions négatives. Une alimentation déséquilibrée, trop riche, la consommation régulière d'aliments industrialisés, la pollution augmentent leur quantité. Ces déchets sont stockés dans les pores de notre peau, mais aussi dans notre intestin ou nos amygdales. Notre organisme finit par s'encrasser et n'arrive plus à éliminer, faisant le lit de maladies plus ou moins graves.

Pour prendre soin de sa santé physique, il est essentiel de porter une attention particulière à sa peau, mais aussi aux organes qui permettent l'élimination.

Si vous êtes de la team qui aime presser des points noirs, je vous préviens, vous allez surkiffer ce chapitre ! Si vous êtes de la team pudique, il va falloir vous accrocher, mais c'est pour votre bien ! En règle générale, si vous souhaitez vous sentir mieux, évacuer vos excès, purifier votre corps pour le soulager et repartir sur des bases saines, bref, si vous êtes hygiéniste, ce chapitre est pour vous !

Autant vous le dire tout de suite, cela ne va pas être toujours glamour, je pense même que je vais écorner le côté sexy de mon image… peut-être aurais-je dû me désolidariser de ce chapitre ? Trop tard ! Mais si nous devons converser en toute transparence, autant vous donner ces conseils vraiment utiles, pratiques, ces techniques qui marchent et qui auront une répercussion incroyablement positive sur votre santé ! Démaquillage, gommage, sauna, hammam, bain de pieds, purge, hydrothérapie du côlon, etc., j'ai (presque) tout testé pour vous !

Transpirer, c'est bon pour la santé

La peau est notre plus grande surface émonctoire, elle permet d'éliminer les toxines de notre organisme – comme le font aussi le foie, les intestins, les reins et les poumons. La peau est particulièrement efficace, car elle rejette les déchets par la sueur (glandes sudoripares), mais aussi par le sébum (glandes sébacées), à condition de transpirer. Et pour transpirer, il faut se bouger !

La transpiration permet d'évacuer les déchets, voilà pourquoi il ne faut pas l'empêcher comme le font certains déodorants qui bouchent les pores de la peau avec des sels d'aluminium et neutralisent les bactéries responsables des odeurs corporelles. Sans transpiration, le corps ne peut se réguler naturellement et les toxines s'accumulent jusqu'à parfois engendrer des maux.

Aisselles, pieds ou mains, si vous empêchez la peau de transpirer à un endroit, le processus se fera au niveau des autres points de sudation ! Privilégiez donc toujours un **déodorant** qui masque les incommodités de la transpiration (odeurs, auréoles…) plutôt qu'un antitranspirant qui empêche ce processus naturel d'avoir lieu.

Je me souviens que, adolescente, chamboulée par mes premiers émois, je transpirais beaucoup des mains et des pieds. Ma peau cherchait juste à évacuer mon trop-plein d'émotions.

Puis, j'ai testé en Suisse les **bains de pieds au sel et aux ions** chez un docteur en médecine parallèle. Ces bains sont là pour réduire les toxines et réguler les fonctions du corps grâce aux ions négatifs (appelés « électrolytes »), générés par un courant continu de basse tension, indolore. Les pieds ainsi stimulés éliminent les toxines, l'acidité des tissus est réduite. J'ai ainsi fait 4 ou 5 séances. Au fur et à mesure des séances, les pores de la peau de mes pieds, sursollicités, se sont tellement ouverts que l'eau se colorait très vite et devenait noire, mon corps se débarrassait toujours plus des toxines. À l'issue de ces rendez-vous, mes problèmes de peau et de transpiration des mains se sont envolés !

Tout est lié, et la peau est un indicateur incroyable de l'état physique et émotionnel de notre corps, laissons-la s'exprimer, transpirer !

Certains revêtent des **combinaisons de sudation** lorsqu'ils font de l'exercice pour accentuer le phénomène de transpiration. Le résultat est plutôt efficace. Utilisez-les seulement pour des séances courtes et buvez beaucoup d'eau pour rester bien hydraté.

Enfin, pratiquez au moins une fois par mois un cycle de **sauna** ou de **hammam** : douche pour se laver, bain de chaleur suivi d'une douche froide pour stimuler l'organisme, séchage, puis 15 minutes de repos. Idéalement, répétez ce cycle 3 fois. Bain de chaleur sèche pour le sauna (entre 70 et 100 °C) tout droit venu de Finlande ou bain de vapeur humide à l'orientale (jusqu'à 50 °C) pour le hammam, à chacun sa préférence. L'important est de respecter le contraste chaud-froid, les temps de repos entre chaque passage et de bien boire. Eau de source ou infusions aux plantes, hydratez-vous en quantité pour compenser la perte d'eau du corps !

Pour le visage aussi

Le bain de vapeur (ou sauna facial), en dilatant les pores, aide la peau à se libérer des toxines, améliore la circulation du sang et redonne instantanément bonne mine !

Nettoyez-vous soigneusement le visage puis amenez de l'eau à ébullition. Versez-la dans un grand bol et ajoutez des herbes sèches (par exemple, du thym ou du tilleul pour assainir votre peau, ou quelques gouttes d'huile essentielle comme la lavande fine, le citron, etc.).

Placez votre visage au-dessus du bol, la tête recouverte d'une serviette. Restez ainsi 10 à 15 minutes (5 si vous avez la peau sensible). Séchez votre peau puis appliquez un soin nourrissant.

Attention : le bain de vapeur est déconseillé aux personnes souffrant de couperose.

Le gommage, pour révéler une nouvelle peau

Le maquillage, notamment le fond de teint, et la pollution bouchent nos pores. Une fois par semaine (ou tous les 15 jours si vous avez la peau sensible), en fin de journée, réalisez un gommage maison pour enlever l'excédent de peaux mortes et laisser votre peau respirer. Cela vaut pour le visage, mais aussi pour le corps, afin d'avoir une peau plus souple et lumineuse, plus réceptive à l'hydratation, mais aussi pour prévenir les poils incarnés et faciliter l'épilation (à la cire ou à l'épilateur électrique) ou préparer sa peau au bronzage. D'ailleurs, pourquoi ne pas faire gommage commun avec votre moitié ?

Bon à savoir

Je vous conseille ces soins de purification avant d'aller vous coucher ; pendant la nuit, les petites rougeurs occasionnées auront en effet le temps de disparaître et votre peau celui de se reposer tranquillement.

Gommage visage

Le sel marin est une aide précieuse pour débarrasser les pores des impuretés et lutter contre l'excès de sébum.

Mélangez 1 c. à s. d'huile d'olive et 1 c. à s. de sel marin non blanchi.

Gommage corps

En plus de gommer, tonifier et drainer efficacement la peau, le marc de café a une action anti-âge et anticellulite.

Mélangez 1 c. à c. de sucre roux avec un filet d'huile d'argan. Ajoutez 1 c. à c. de miel et 1 c. à c. de marc de café. Mélangez bien.

Le bon geste

- Sur un visage à peine humidifié, massez la préparation en mouvements circulaires.
- Juste avant la douche, aspergez-vous d'un filet d'eau tiède et, à peine mouillé, frictionnez énergiquement toutes les parties de votre corps sans oublier celles de votre partenaire : c'est un moment ludique, de partage, et à deux c'est plus pratique pour les zones difficiles d'accès comme le dos !
- Commencez toujours par le bas du corps et remontez vers le cœur ; pour bien faire, cela doit prendre une dizaine de minutes. N'oubliez aucune zone. Plus ça rougit, plus ça gomme la peau morte, plus ça enlève les poils incarnés et les imperfections !
- Après avoir rincé le gommage du visage et du corps à l'eau chaude, prenez une douche.
- Terminez ce rituel nouvelle peau-nouvelle énergie en vous aspergeant entièrement d'eau froide. Le plus simple est de commencer par un bras, puis l'autre, puis le visage et toute la tête. Passez ensuite au buste, au dos et aux fesses ! Ça y est, vous êtes acclimatée, alors restez sous cette eau froide tout en vous frictionnant et en faisant une petite danse. Oui, parce que je ne connais personne qui peut être immobile sous une douche froide ! Soufflez, promis, ça se passera bien ! Trente secondes plus tard, c'est bon, vous n'avez oublié ni vos cuisses, ni vos chevilles, ni les endroits où se cachent les ganglions (aisselle, aine, etc.). Votre circulation sanguine et lymphatique est à son top après cette vraie douche nordique, et vous aussi ! Vous voilà prête à vous endormir… car en baissant votre température corporelle, vous rejoignez plus vite les bras de Morphée. Dans tous les cas, de jour comme de nuit, la douche froide s'adapte à votre planning, pour le plus grand plaisir de votre corps !
- En sortant de la douche, tapotez-vous avec une serviette pour vous sécher.

Les bénéfices

Vous êtes gommée, mais pas seulement : votre circulation sanguine est réactivée, votre système lymphatique est relancé, ce qui améliore les défenses de l'organisme. Vos jambes sont plus légères et les toxines vont être évacuées par les urines.

Le nettoyage de peau, pour faire peau nette

Toute redynamisée par cette douche glacée, et lavée de l'énergie de la journée, vous allez à présent purifier votre visage gommé. Ce moment pour soi est tout en douceur.

Masque purifiant

L'argile verte est indiquée pour éliminer les excès de sébum, mais aussi les particules de pollution. Ce masque visage est donc deux en un : purifiant et détoxifiant.

Mélangez 2 c. à s. d'argile verte avec 2 c. à s. d'eau minérale et 1 c. à c. d'huile de noisette. Mélangez jusqu'à obtenir une pâte lisse et appliquez en couche épaisse sur le visage en évitant le contour des yeux et des lèvres. Si l'argile sèche, vous pouvez l'humidifier à l'aide d'un brumisateur. Laissez poser entre 10 et 15 minutes puis rincez à l'eau tiède.

Vos pores seront bien ouverts et vous pourrez déloger facilement les comédons de leur cachette. Visualisez les comédons que vous souhaitez extraire et placez vos doigts de part et d'autre pour exercer une pression égale. Une fois ces hôtes indésirables disparus, finissez de resserrer les pores en vous brumisant d'eau florale de rose. N'oubliez pas d'appliquer une bonne crème hydratante pour la nuit !

L'eau de rose pour les yeux gonflés

Si vous vous réveillez le matin avec les yeux gonflés, l'eau de rose peut faire des miracles. Imbibez des cotons d'eau de rose et mettez-les au frais dix minutes. Puis, déposez ces cotons sur vos yeux et laissez agir. En quelques minutes, vos yeux se dégonfleront et les cernes, si vous en avez, s'estomperont.

Lissante et cicatrisante, l'eau de rose combat aussi les effets nocifs du soleil sur la peau. Mettez-en dans un vaporisateur et pulvérisez-la sur les parties du corps exposées au soleil. Cela vous apaisera immédiatement.

Le démaquillage et les soins, des basiques

Votre maman vous l'a sûrement dit, on se démaquille avant de se coucher !

Pour mes soins de peau, j'évite les disques en coton, car la fabrication de cette matière est très gourmande en eau et son empreinte carbone importante. J'ai donc un petit stock de disques ou gants en microfibres qui fonctionnent à merveille grâce à la simple utilisation d'eau chaude, rien de plus ! Vous trouverez ci-dessous ma routine et mes soins maison préférés.

Ma routine du soir

Démaquillez-vous avec un gant ou un disque réutilisable et de l'eau chaude. Lorsque le tissu est couvert de maquillage, nettoyez-le dans le lavabo avec du savon. Je le rince à l'eau claire et fraîche et finis mon rituel démaquillage en ajoutant un peu d'hydrolat de fleur – j'aime bien l'eau de camomille, parfaite pour nettoyer et tonifier.

C'est économique, écologique et sans produits nocifs pour la peau ! Je rince une dernière fois le disque et le laisse sécher pour le lendemain. Bref, je fais une toilette comme autrefois !

Avant de me coucher, j'adore appliquer en guise de crème de nuit de l'huile de coco ! Au contact des doigts, l'huile, solide à température ambiante, se liquéfie, il n'y a plus qu'à l'appliquer. Je fais pénétrer en massage lent et long sur le visage. La peau en raffole, ça l'hydrate efficacement et lui redonne souplesse et éclat, supprime les boutons naissants grâce à l'acide laurique contenu dans l'huile qui agit efficacement contre les bactéries ou les microbes. D'ailleurs, ce même pot passe de ma table de nuit à la salle de bains pour finir dans la cuisine !

Comment bien choisir son huile de coco

L'huile de coco est idéale pour nourrir et hydrater la peau et les cheveux, mais aussi prévenir les vergetures ou encore les caries en bain de bouche ! Elle est riche en acide laurique, le principal acide gras saturé du lait maternel, qui constitue une protection contre certains virus. Des études sont en cours quant à son rôle possible pour traiter la maladie d'Alzheimer. En plus de ses vitamines A et E qui préservent la peau du vieillissement, elle limite les dommages causés par les rayons du soleil en bloquant environ 20 % des ultraviolets, même si elle ne suffit pas à assurer une protection solaire complète et efficace.

Il est primordial d'utiliser de l'huile de coco bio, vierge, première pression à froid, non raffinée et équitable. Attention, ne la confondez pas avec l'huile de coprah, issue de la pression de noix de coco séchées au soleil et dont l'odeur est plutôt rance ; l'huile de coco est, elle, issue de la pression de pulpe de coco.

Démaquillage à l'huile

L'huile démaquillante contient souvent des huiles végétales, riches en vitamines, qui permettent d'hydrater la peau. En plus de nourrir l'épiderme, elles éliminent les cellules mortes et les impuretés, sans agresser la peau.

Humectez très légèrement une éponge végétale ou une lingette démaquillante lavable. Versez un peu d'huile de noyaux d'abricot avant de la passer sur le visage à plusieurs reprises pour enlever efficacement tous les fards. Terminez avec l'hydrolat de votre choix (eau de rose pour revitaliser la peau, de fleur d'oranger pour adoucir, de bleuet pour défatiguer, de camomille pour apaiser).

Lotion tonique

Elle s'utilise après le démaquillage pour compléter le nettoyage de la peau tout en douceur. Elle purifie également l'épiderme en le débarrassant des peaux mortes, ce qui permet au sérum ou à la crème appliqués ensuite de mieux pénétrer et d'être encore plus efficaces.

Réduisez un concombre en purée afin de récupérer son jus. À l'aide d'un coton, appliquez directement le jus du concombre sur votre peau.

Lotion apaisante

Combinée à l'aloe vera, l'eau de rose apaise la peau. Cette lotion est idéale pour les peaux mixtes.

Extrayez du gel d'aloe vera : coupez une feuille et pressez-la délicatement pour en extraire son gel. Passez au mixeur avec 1 c. à s. d'eau de rose bio.

Une fois par semaine, des masques pour soigner en profondeur

Une fois par semaine (pas plus !), de préférence après le gommage, j'applique un masque pour le visage et pour les cheveux, selon leurs besoins du moment. Voici ceux que j'aime le plus.

Nourrissant

Pour les peaux sèches, un seul credo : hydrater, hydrater, hydrater !

Pour hydrater en profondeur, mélangez un demi-avocat bien mûr, 1 banane et 1 c. à s. de miel. Appliquez sur le visage et détendez-vous 15 minutes, le temps que le masque fasse effet.

Purifiant

L'association de vinaigre de cidre et d'avoine permet d'exfolier tout en combattant l'excès de sébum et les peaux mortes qui ternissent la peau. Le vinaigre a des propriétés antiseptiques, qui permettent de se débarrasser des bactéries et, par conséquent, de lutter contre l'acné ou les points noirs. Il rétablit aussi l'équilibre pH de la peau.

Mélangez 20 g d'avoine avec 60 ml d'eau chaude et 5 ml de vinaigre. Allongez-vous sur une serviette et laissez poser 5 minutes sur le visage et le cou. Puis rincez à l'eau tiède.

Matifiant

La levure de bière assainit et améliore la peau. Toutefois, ne l'utilisez pas seule, elle assécherait trop la peau, associez-la toujours à une huile.

Mélangez 2 c. à s. de levure de bière avec 1 c. à c. d'huile d'onagre jusqu'à l'obtention d'une pâte homogène (rajoutez de l'huile si la pâte est trop sèche). Appliquez sur le visage en évitant le contour des yeux et massez délicatement la peau. Laissez agir 10 minutes et rincez à l'eau tiède.

Pressez la moitié d'un pamplemousse (si possible à la pulpe rouge). Mélangez avec 2 c. à s. de flocons d'avoine et 1 c. à c. d'huile d'olive. Laissez poser ce masque pendant 15 minutes avant de rincer soigneusement.

Exfoliant

Les acides naturels du fruit vont exfolier la peau et l'éclaircir tout en réduisant les pores disgracieux. L'avoine, avec sa texture laiteuse, rend le masque plus doux pour la peau.

Au secours, j'ai de l'eczéma !

Appelé aussi « dermatite atopique », l'eczéma se traduit par une peau sèche, des plaques rouges et des démangeaisons. L'avoine, appliquée en préparation avec de l'eau bouillie, aide à réparer les peaux à eczéma en hydratant, en rétablissant la barrière cutanée, en réduisant les démangeaisons et en régulant l'inflammation.

Pour donner un coup d'éclat à votre visage en éliminant les points noirs, mélangez 1 c. à c. de curcuma avec 1 c. à c. de miel et 1 c. à c. de lait de coco. Mélangez jusqu'à obtenir une pâte homogène. Appliquez sur le visage et laissez poser 15 à 20 minutes. Rincez à l'eau claire.

Désincrustant

Le curcuma éclaircit la peau et améliore les cicatrices d'acné. Le miel et le lait de coco vont l'hydrater.

Râpez finement 2 carottes bio. Ajoutez ½ c. à s. de miel, ½ c. à s. d'huile d'amande douce et le jus d'un demi-citron. Mélangez le tout pour obtenir une pâte. Allongez-vous sur une serviette, appliquez sur le visage et détendez-vous durant 15 minutes. Rincez abondamment.

Éclat

Quand le teint est terne, la mine fatiguée, il faut filer dans sa cuisine détourner la carotte en masque visage. Riche en bêtacarotène, la carotte apporte bonne mine et lumière à la peau. Elle favorise le bronzage et permet à la peau de garder un joli hâle uniforme après une exposition au soleil. Elle est aussi antioxydante, assouplissante, régénérante, cicatrisante et apaisante, bref, elle a tout bon !

Le citron

Il est exfoliant et éclaircissant. Il gomme les imperfections tels les boutons et points noirs grâce à ses pouvoirs antibactériens et antioxydants.

Faites fondre au bain-marie 8 carrés de chocolat noir puis ajoutez 1 c. à s. d'huile d'amande douce. Une fois tiède, appliquez ce masque sur le visage puis laissez poser 15 à 20 minutes. Rinçez à l'eau claire.

Anti-âge

On n'y pense pas forcément, mais le chocolat est un antioxydant très puissant pour prévenir le vieillissement dû à la pollution, le soleil, le tabac, etc.

Objectif belle peau !

- Boire au minimum 1,5 litre d'eau par jour (eau pure ou additionnée d'herbe aromatique, infusion, etc.). Pensez à secouer votre bouteille avant de la boire pour dynamiser l'eau et augmenter son taux vibratoire. (Pour en savoir plus sur le taux vibratoire, voir p. 57.)
- Pour que ma peau soit encore plus belle, je fais une cure de 4 à 5 jours pendant laquelle je mange le maximum de fruits et légumes crus en guise de repas ; l'action sur ma peau et ma silhouette se voit immédiatement !

Ma routine cheveux

Si vos cheveux vous mènent la vie dure, c'est le moment de réagir ! Rien de tel qu'un masque avant le shampoing pour afficher une chevelure soyeuse et brillante.

- Faites fondre du beurre de karité au bain-marie et ajoutez les huiles que vous avez sous le coude : huile de ricin, d'olive, de coco, d'avocat. Attendez quelques minutes, le temps que le mélange tiédisse. Puis humidifiez vos cheveux pour favoriser la pénétration du soin. Enduisez-les des racines aux pointes. À l'aide d'un peigne, répartissez le soin pour que chaque cheveu puisse en bénéficier. Massez-vous ou faites-vous masser le cuir chevelu du bout des doigts afin de stimuler la circulation sanguine. Rassemblez ensuite votre chevelure en chignon et protégez-la avec une serviette tiède. Puis vaquez à vos occupations le temps que le masque fasse son effet.
- Si vous avez les cheveux très secs, l'idéal est de conserver ce masque toute la nuit ou toute une journée, sinon laissez poser 1 heure. Rincez soigneusement à l'eau claire, puis procédez au shampoing (deux, c'est mieux) et admirez la douceur...

Et pour une belle chevelure au quotidien, faites une cure chaque saison de levure de bière !

Mes huiles précieuses

Toutes les huiles végétales nourrissent en profondeur, mais chacune a sa spécificité :

- argan : pour réparer les cheveux cassants, fourchus et apporter de la brillance ;
- nigelle : pour les cuirs chevelus irrités ;
- ricin : pour fortifier, nourrir en profondeur et stimuler la pousse ;
- coco : pour gainer, donner du volume et apporter de la douceur ;
- jojoba : pour fortifier et équilibrer ;
- olive, romarin : pour lutter contre la chute de cheveux.

Le nettoyage de la langue et le bain à l'huile pour une haleine fraîche

Continuons notre promenade de purification pour notre mieux-être.

Prière de ne pas lire en couple les passages qui suivent, c'est peu ragoûtant !

Avez-vous déjà constaté que malgré votre brossage de dents après chaque repas, votre haleine n'est pas toujours aussi fraîche que vous le souhaiteriez ?

La première raison est qu'il faut toujours se **brosser la langue** en fin de brossage pour éliminer les bactéries, avec votre brosse à dents, un grattoir à langue ou encore une cuillère à café. Mais est-ce vraiment ce qui fonctionne le mieux ?

Pour ma part, je fais un **bain de bouche à l'huile** ! Ce remède indien séculaire (appelé « gandush ») consiste à faire passer l'huile dans tous les sens dans la bouche pour l'assainir, le matin au saut du lit. Ainsi, avant mon brossage de dents, je prends une cuillerée à soupe d'huile de sésame que je fais tourner autour de ma langue, entre mes dents, sur mes gencives pendant au moins 1 minute (pour les plus patients, allez jusqu'à 5 à 10 minutes, le temps de votre douche). L'huile attire et capte les toxines de la bouche, elle devient plus épaisse, parfois blanche. Une fois recrachée, je me rince ensuite la bouche à l'eau chaude. Le brossage de dents et de langue qui suit est alors plus efficace pour nettoyer les résidus.

En plus de remédier à une mauvaise haleine, les bains de bouche à l'huile réduisent la plaque dentaire et les bactéries et assainissent les gencives : une habitude à mettre en place pour avoir une bonne santé buccale. N'hésitez pas à varier les huiles (olive, coco, noisette, etc.).

Si votre haleine est toujours chargée, c'est peut-être un problème bucco-dentaire, prenez rendez-vous chez le dentiste. Et pensez à utiliser du **fil dentaire** pour éliminer tout débris entre les dents.

Voyons à présent une autre raison qui peut expliquer une mauvaise haleine.

Le nettoyage des amygdales, souvent méconnu

Le mystère réside dans nos amygdales ! Si vous les avez encore, prenez l'habitude de les regarder au fond de votre gorge : vous verrez qu'elles sont parfois blanches, comme couvertes d'une « pâte blanche ».

Les amygdales sont poreuses et leurs cavités abritent des germes ou des débris alimentaires qui fermentent avec notre alimentation ; le résultat, ce sont ces minuscules morceaux blancs granuleux de caséum (littéralement, « fromage ») que vous avalez souvent sans le savoir ou que vous crachez parfois et dont vous vous demandez souvent d'où ils viennent…

Si vous ne nettoyez pas vos amygdales au même titre que vos cheveux ou votre corps, il est probable que ces sécrétions vous incommodent si elles restent présentes malgré le brossage de dents.

Le bon geste

Pressez doucement, avec un petit bâton épais, votre doigt ou encore le manche d'une fourchette, sur vos amygdales pour expulser ces petites boules blanchâtres.

Le plus simple est de contrôler vos amygdales environ tous les 15 jours, en ouvrant bien grande la bouche devant votre miroir et à l'aide d'une lampe s'il le faut, pour vérifier s'il y a reformation ou pas.

Depuis l'enfance, on nous a appris à laver toutes les parties de notre corps, sauf celle-ci. Et dire que quand nous allons chez le médecin et qu'il regarde nos amygdales, il sait si nous avons des problèmes d'haleine ! C'est un peu gênant, non ? Béni soit le secret médical !

Le grand nettoyage des intestins : la purge

Autres organes que l'on apprenait autrefois à nettoyer et que l'on ne fait plus aujourd'hui parce que c'est tabou : les intestins. L'intestin grêle et le gros intestin (côlon) sont très importants pour notre santé puisqu'ils contribuent à digérer les aliments que nous mangeons pour que nous les assimilions ; c'est par eux que les nutriments passent dans le sang et le reste de l'organisme. Les intestins éliminent aussi les toxines. Prendre soin d'eux en les décrassant est promesse d'une bonne santé !

Bien sûr, le corps se détoxifie de lui-même grâce aux reins ou au foie, mais quand il est fatigué, surchargé, la muqueuse intestinale n'est pas propre, elle est recouverte de substance visqueuse, et sa capacité à absorber les nutriments diminue. On perd alors le bénéfice d'une alimentation saine et une inflammation peut survenir.

Mais qu'est-ce qui souille les intestins et fragilise leur muqueuse ?

La colle ! Cette colle, largement présente dans les aliments industriels, est créée à partir de protéines végétales trouvées dans les grains de céréale. C'est le gluten (du latin *gluten* qui signifie « glu », « colle », « gomme »). La colle permet en effet de relier les molécules des céréales entre elles, et plus il y a de colle, de gluten dans la farine, plus la pâte est élastique et facile à travailler, plus elle lève vite, plus le pain sera gonflé et moelleux. Les boulangers et les industriels privilégient donc des farines riches en gluten pour fabriquer des pains légers remplis d'air ! Le problème, c'est que le gluten est très présent aujourd'hui dans nos assiettes (céréales, pain, pâtes, biscuits, bière, additifs, etc.) et qu'il devient de plus en plus difficile à digérer (maux de ventre, diarrhées, nausées) tant les variétés modernes de blé ont un gluten plus performant et résistant. C'est ainsi qu'il encrasse durablement nos intestins. Difficilement évacuable, il reste dans les tuyaux (rappelons que le gros intestin et l'intestin grêle mesurent à eux deux 7 à 9 mètres de long !).

Du fait de leur longueur, les intestins humains sont pliés de nombreuses fois et possèdent des petites cavités appelées « humeurs ». Autrefois, alors que les lavements intestinaux se pratiquaient régulièrement, on conseillait à une personne de « mauvaise humeur » de faire un lavement pour évacuer ces cavités bouchées par une alimentation trop riche. Peut-être avez-vous remarqué que lorsque vous diminuez votre apport de gluten pendant une semaine, vous êtes moins irrité, moins sensible ? Cela vient directement de la quantité de colle qui se trouve dans nos humeurs. Lorsque les humeurs restent pleines pendant des mois et des mois, les intestins créent des toxines qui restent dans le corps, ce qui peut conduire à une auto-intoxication si les intestins sont mal entretenus. Étant donné que nous mangeons plusieurs fois par jour, nos intestins ne sont jamais complètement vides, ils ne peuvent donc totalement se renouveler et deviennent moins efficaces.

Ne pas confondre « absorption » et « assimilation »

Après la digestion, une bonne partie des nutriments traverse la paroi (muqueuse) de l'intestin grêle grâce aux nombreuses villosités des cellules qui en tapissent l'intérieur : c'est l'absorption (ou la malabsorption si les villosités n'ont pas pu bien faire leur travail).

Puis vient l'assimilation : le foie écarte ce qui lui semble toxique, ensuite le sang distribue les nutriments à tous les organes ; ce qui reste, une fois récupérée l'eau pour être réutilisée dans le corps, est considéré comme des déchets : ils passent dans le côlon et seront évacués aux toilettes.

Si les intestins sont englués par les colles du gluten et des aliments transformés, l'assimilation est impossible, les nutriments ne passent plus. Dommage quand on sait que notre système immunitaire repose en majeure partie sur la bonne santé de nos intestins !

Un nettoyage ancestral et naturel

Pour nettoyer les intestins, commencez par manger beaucoup de fibres, qui auront une action de gommage naturel sur la muqueuse lorsqu'elles avanceront dans l'intestin. Manger beaucoup de fibres et réduire la part d'aliments longs à digérer (comme la viande) et lourds en colle peut suffire à relancer le bon fonctionnement de vos intestins.

La purge permet à grands coups d'eau de nettoyer en profondeur les organes digestifs malmenés. Avant de me lancer, j'ai rencontré une femme de 50 ans qui avait pris beaucoup de poids, ce qui a déclenché des maladies au fur et à mesure des années, comme si elle ne faisait plus équipe avec son corps. Elle a suivi une formation sur les bienfaits du jeûne et des purges et en a testé une en particulier : la purge à l'huile de ricin – la plus radicale ! Il ne faut pas en avoir peur, cette purge grasse, réalisée avec cette huile hyperlaxative, permet de nettoyer intégralement vos intestins. Recommandées par de nombreux naturopathes et en médecine parallèle, les purges sont redoutées par ceux qui ne les ont jamais pratiquées et adorées par ceux et celles qui les font deux fois par an. Souvent, les purges précèdent les jeûnes. Si le sujet vous intéresse, je vous encourage à suivre les travaux d'Irène Grosjean, qui a prôné toute sa vie ces purges pour bien vivre et bien vieillir en étant le moins malade possible.

Revenons à cette femme de 50 ans. Elle a suivi le protocole des purges :

- Manger peu le matin et le midi et rien le soir si l'on veut commencer la purge à 20 heures ; arrêter de boire de l'eau à partir de 14 heures puisque huile et eau ne font pas bon ménage ; prendre l'huile de ricin (3 à 4 cuillerées à soupe) à 20 heures, mélangée à un demi-verre de pamplemousse pressé et s'allonger pour se masser les organes ;

- Généralement, on élimine les selles la nuit ou le matin.

- Ne pas manger ni boire jusqu'à l'élimination totale des matières entraînées par l'huile.

- Il est intéressant d'analyser à l'œil nu ses selles : la première fois, elles sont solides quoique fibreuses, puis viennent une diarrhée, de longues membranes, puis comme de la boue rose (provenant du foie) – lorsque la boue rose sort, c'est que votre intestin s'est vidé de toutes ses peaux mortes, ramollies et emportées par l'huile – ainsi, parfois, qu'une multitude de calculs de couleur. Cette femme a, elle, constaté une chose incroyable dans ses selles, comme des petits points de couleur. C'étaient des mines de crayon, les mines des crayons qu'elle mangeait lorsqu'elle était enfant à la maternelle ! Pendant toutes ces années, les mines s'étaient nichées dans les cavités sans jamais avoir été évacuées par son intestin, alors qu'elle digérait tous les jours de nombreux repas en discontinu.

Ma première purge

J'ai décidé d'essayer. Comme je suis végétarienne et que je n'ai pas de problème de poids, vous pourriez penser que je n'ai pas de raison de faire une purge. Mais les purges et le jeûne n'ont rien à voir avec le poids ou une alimentation qui peut sembler équilibrée. Comme tout le monde, je consomme de temps à autre des produits transformés comme des Corn Flakes, des pizzas, etc. Le stress du quotidien dérègle aussi ma digestion. Je souhaitais donc relancer la machine. C'était la première purge de ma vie, allais-je constater des déchets très anciens évacués par mon corps ?

Après avoir mangé uniquement des légumes cuits à midi et cessé de boire en fin d'après-midi, c'est vers 22 heures que j'ai avalé la potion magique : 3 cuillerées d'huile de ricin avec un peu de jus de pamplemousse fraîchement pressé pour diluer cette huile si épaisse. Rien que de repenser à la sensation lorsque j'ai bu le mélange (vraiment horriblement dégueu, pire que de boire 3 cuillerées de médicament quand on est enfant !), j'ai des haut-le-cœur ! Les personnes encombrées à cause d'années de malbouffe prendront plutôt 4 cuillerées ; il est possible que le processus prenne plus de temps. Pour ma part, après une nuit plutôt normale, je me suis levée à 8 heures, et les différentes étapes décrites ci-dessus ont bien eu lieu et j'ai fini par la boue rose – sans mines de crayon ! –, c'est-à-dire que tout était vide, mes intestins étaient prêts à se régénérer, et la sensation de bien-être et de légèreté ressentie était tout simplement incroyable !

Une fois que le processus est bien terminé, que vous n'allez plus aux toilettes, vous pouvez reboire et remanger progressivement des légumes et aliments faciles à digérer. Bien évidemment, ensuite, ne mangez pas trop riche, profitez-en pour mettre en place de nouvelles habitudes (voir le chapitre 2).

L'hydrothérapie du côlon

Cette technique naturelle de détoxification du côlon (la version moderne du lavement !) peut se faire quand le besoin s'en fait sentir, c'est-à-dire quand une personne ressent un inconfort au niveau de son ventre ou a des problèmes de peau ou une fatigue chronique. En effet, les dépôts et les déchets ne sont jamais complètement évacués, ils restent collés aux parois de votre intestin comme des taches sur un vêtement et, avec le temps, ces dépôts deviennent des agents pathogènes.

Lors des changements de saison, faites l'expérience (ni plus ni moins une irrigation du côlon) et dites adieu aux troubles de la constipation, de la prise de poids ou encore de l'aérophagie !

Le bon geste

Il existe différents kits de lavement en pharmacie qui s'utilisent à la maison.

- Remplissez le contenant de 750 ml d'eau tiède.
- Couchez-vous confortablement sur une serviette et introduisez la canule prévue à cet effet dans le rectum pour injecter l'eau dans le côlon par le conduit. Ensuite, il est très important de vous détendre et de respirer profondément et lentement. Essayez de garder le maximum d'eau en vous, et massez votre ventre pour décoller tous les dépôts (selle, toxines, mucus, etc.).
- Puis dirigez-vous vers les toilettes (sans rire ni éternuer, sinon c'est fichu !). Lors de la délivrance, vous permettez à votre corps de se débarrasser enfin de ce qui l'encombrait.
- Recommencez l'opération 2 ou 3 fois, jusqu'à ce que l'eau rejetée soit claire.
- Ensuite, prenez une douche, buvez une tisane et allez vous coucher.

Après une bonne nuit de sommeil, vous aurez moins faim, vos maux de tête ou de ventre auront certainement disparu et vous vous sentirez tellement bien que vous aurez probablement envie de refaire l'expérience rapidement.

À raison de 2 à 3 séances par an, vous constaterez un mieux-être, votre humeur changera, vous aurez moins de boutons, et si vous avez de l'eczéma, il diminuera. Avec le développement de la médecine naturelle, cette hygiène du côlon est de plus en plus populaire. Il existe néanmoins quelques contre-indications : maladie de Crohn, hémorroïdes graves, tumeurs rectales ou intestinales, colites ulcéreuses.

Le psyllium blond, un allié pour nettoyer l'intestin

Les graines de psyllium blond sont riches en mucilage, c'est-à-dire qu'au contact de l'eau, elles se transforment en gel qui lubrifie la paroi intestinale. Elles facilitent ainsi l'évacuation des toxines par les selles qu'elles ramollissent. On les utilise pour lutter contre la constipation, mais aussi en boulangerie comme liant pour remplacer le gluten.

S'hydrater pour favoriser l'élimination

Je termine par cette recommandation qui aurait pu être la première : pas de détox, d'évacuation des toxines et de bonne élimination sans boire suffisamment.

Buvez sans modération de l'eau plate (au minimum 1,5 litre par jour), des tisanes, des eaux aromatisées (aux herbes, aux fruits, aux légumes).

En cure d'un mois, vous pouvez boire à jeun le matin un jus de citron pressé mélangé à de l'eau à température ambiante.

Dormir : mes trucs et astuces pour un sommeil réparateur

La nuit, notre conscient bavard s'endort et passe la main à notre inconscient, qui tire des conclusions de nos expériences et pensées de la journée. Comme dit l'expression, la nuit porte conseil : elle permet de dénouer des problèmes rencontrés la veille, de soulager notre psychisme et nous donne des éléments de réponse souvent clés, car lorsque nous dormons, nous avons plus facilement accès à notre âme.

Sur le plan physique, la nuit permet également à nos tissus de se réparer, à nos cellules de se régénérer. Mais toutes les heures de la nuit ne se valent pas : même si nous avons tous un cycle de sommeil qui nous est propre, lorsque nous nous couchons tôt (22 heures) et que nous nous levons tôt (7 heures), nous sommes plus productifs et plus en forme que lorsque nous nous couchons à 2 heures et que nous nous levons à 11 heures, alors que le nombre d'heures de sommeil est pourtant le même. C'est que les heures avant minuit sont plus récupératrices : en effet, le début de nuit est marqué par deux ou trois cycles de sommeil lent profond, qui ont lieu avant 2 heures du matin, où l'activité cérébrale est lente, permettant au corps de se reposer. Se coucher tôt, c'est donc laisser toutes les chances au sommeil lent profond de survenir.

Bien dormir, ça se prépare !

- Pratiquez une activité physique dans la journée. Le sport stimule le système circulatoire et lymphatique, crée de la masse musculaire pour soutenir votre constitution osseuse, améliore votre endurance, apporte de la souplesse, sécrète des endorphines (les hormones du bonheur), entretient votre système cardiovasculaire, oxygène le cerveau, sans compter qu'il permet d'évacuer les énergies négatives.

- Pensez à quitter les écrans et leur lumière bleue quelques heures avant d'aller vous coucher. C'est le meilleur moyen de vous détendre et de ne pas empêcher la sécrétion de mélatonine, l'hormone du sommeil, qui vous aidera à vous endormir profondément puis à dormir sans réveil nocturne.

- Lisez un bon livre d'épanouissement personnel ou un roman bienveillant avant de fermer les yeux.

- Prenez l'habitude de remercier l'univers pour la journée que vous avez passée et remémorez-vous les bons moments et les plaisirs que cette journée vous a permis de vivre. Remerciez aussi l'univers pour cette journée plus compliquée mais pleine d'enseignements. Vous pouvez aussi penser à toutes les personnes que vous aimez et leur envoyer un message d'amour et de protection en les imaginant entourées d'une bulle de lumière brillante et protectrice.

- Quand le mental reste trop agité après une journée éprouvante, le meilleur moyen pour tout couper et enfin se détendre profondément, psychologiquement et musculairement, est la méditation. Quoi qu'il arrive, elle est d'ailleurs un très bon exercice à réaliser avant d'aller dormir. Méditer vous permettra de gagner en énergie vitale, de soulager votre corps, de laisser s'envoler stress ou anxiété, de ne plus vous laisser envahir par vos pensées, de ralentir votre rythme cardiaque, enfin, de vivre dans votre moment présent. Essayez !

La méditation par les chakras

Connaissez-vous les chakras ?

En sanskrit, le mot *chakra* signifie « roue d'énergie ». Il désigne des centres d'énergie de notre corps, invisibles et pourtant situés le long de notre colonne vertébrale (à l'exception du coronal placé sur la fontanelle). Ces centres interconnectés font circuler l'énergie, le *prana*. Chacun est associé à une glande endocrine, un élément, une couleur et une fonction émotionnelle ou physique :

- *muladhara*, chakra racine, est situé au périnée. Il est associé aux glandes sexuelles, à la terre, au rouge et à la sécurité ;

- *svadhisthana*, chakra sacré, est au niveau des organes génitaux. Il est associé aux glandes surrénales, à l'eau, à l'orange, à la créativité et la sexualité ;

- *manipura*, chakra solaire, siège entre le nombril et le plexus. Il est associé au pancréas, au feu, au jaune et à notre volonté ;

- *anahata*, chakra du cœur, est au centre de la poitrine. Il est associé à l'air, au vert et à l'amour ;

- *vishuddha*, chakra de la gorge, est associé à la glande thyroïde, à l'éther, au bleu et à la communication ;

- *ajna*, troisième œil, est entre les sourcils. Il est associé à la glande pinéale, à la lumière, à l'indigo et à l'intuition, à la conscience ;

- Enfin, *sahasrara*, chakra couronne, se trouve au sommet de la tête. Il est associé à la glande hypophyse, au violet et au divin.

Selon la médecine traditionnelle ayurvédique, lorsqu'un chakra est perturbé par une émotion, une mauvaise hygiène de vie, du stress, tout l'équilibre est rompu. Activer ses chakras, se concentrer dessus permet donc de préserver sa santé et son bien-être.

Posez-vous au calme et essayez de ne penser à rien. Puis concentrez-vous sur les couleurs des différents chakras du rouge au violet, comme le spectre lumineux.

- Chakra de base ou racine : rouge.
- Chakra sacré : orange.
- Chakra solaire : jaune.
- Chakra du cœur : vert.
- Chakra de la gorge : bleu pâle.
- Chakra du troisième œil : bleu indigo.
- Chakra coronal : violet.

Pour le moment, visualisez sur chaque chakra une belle boule de leur couleur associée, et portez votre attention de bas en haut, de la terre au ciel. Si cela vous aide, posez une main sur chaque centre, au fur et à mesure de votre progression.

Ma routine pour bien terminer la journée

Là aussi, rien de mieux que le yoga pour se détendre et préparer le corps à un sommeil récupérateur. J'ai demandé à **la coach Aria @aria.official** ses meilleurs exercices !

Bhramari pranayama : une respiration vibrante

Pranayama, c'est l'art de bien respirer et *bhramari* désigne un bourdon ou bourdonnement. On ferme ses oreilles, et lors d'une expiration lente, on produit un son qu'on fait vibrer dans la tête, comme le bruit d'un bourdon.

- Installez-vous en tailleur.
- Inspirez profondément et bouchez-vous les oreilles en appuyant sur les pavillons avec les index, coudes levés.
- À l'expiration, depuis le fond de la gorge, émettez un son qui ressemble au bourdonnement d'une abeille. Sentez la vibration sonore qui résonne dans votre crâne. La bouche est fermée, les mâchoires desserrées (les dents ne sont pas collées).
- Essayez de stabiliser le bourdonnement afin qu'il soit régulier. Cela peut durer 20 secondes au début, 30 à 40 secondes avec l'habitude. Concentrez-vous sur le troisième œil, situé au milieu du crâne, sur la ligne horizontale qui part du point entre les sourcils. Reprenez votre inspiration par le nez et recommencez. Tenez cette respiration pendant au moins 5 minutes.

La respiration alternée

Cette respiration permet la purification de deux canaux énergétiques majeurs du corps humain, *ida* et *pingala*, qui s'enroulent autour de la colonne vertébrale pour aboutir dans les narines gauche et droite ; au-delà de ces deux canaux, c'est tout le système énergétique qui est purifié. Elle facilite l'équilibrage des flux énergétiques et l'amélioration de la circulation de l'énergie vitale, le *prana*, dans le corps tout entier.

- Fermez la narine droite en maintenant le pouce droit sur l'aile du nez (si vous êtes gaucher, utilisez votre main gauche !).
- Expirez lentement par la narine gauche.
- Quand les poumons sont vides, prenez une inspiration lente, silencieuse et profonde dans la même narine, l'autre restant bouchée. La respiration s'effectue dans la profondeur du ventre.
- Puis fermez la narine gauche avec l'index de la même main tout en libérant la narine droite où vous expirez.
- Procédez de même dans cette nouvelle narine, en expirant puis en inspirant avant d'alterner.
- Poursuivez cette respiration alternée des deux côtés quelques minutes.

Des étirements pour relâcher les tensions

Ces étirements seront votre trousse de vie pour vous sentir bien ou votre trousse de secours en cas de baisse de régime. Empruntés au yoga, ils permettront à votre corps de gagner en souplesse et de relâcher les tensions physiques et psychologiques lorsque vous en sentirez le besoin. Réalisés avant de dormir, ils réactiveront votre système circulatoire et lymphatique, ce qui facilitera le relâchement profond du corps, gage d'un bon sommeil.

Vous utiliserez la respiration *ujjayi*, « victorieux » en sanskrit, c'est-à-dire que vous inspirerez et expirerez uniquement par le nez – la bouche sera fermée.

- Assis en tailleur, allongez les bras loin devant ; le mouvement part du bassin, comme si vous vouliez toucher le ventre au sol, pas du dos.
- Revenez en position initiale. Penchez votre corps vers la gauche en prenant appui sur l'avant-bras et la main gauches, étirez le bras droit au-dessus de la tête. Tenez le temps de 3 respirations.
- Faites la même chose du côté droit.
- Allongez-vous sur le dos et faites basculer vos genoux à gauche, l'un sur l'autre, attrapez-les avec la main gauche tandis que la tête tourne à droite et que le bras droit repose au sol.
- Faites la même chose de l'autre côté.
- Revenez au centre et faites le bébé heureux : amenez les genoux vers la poitrine et attrapez l'extérieur des pieds, talons vers le haut. Rapprochez doucement les genoux du sol. Si vous êtes à l'aise, balancez-vous de gauche à droite en douceur pour masser votre colonne.
- Terminez dans la position de l'enfant, les bras en arrière. Respirez calmement.

Renouer avec la puissance de la nature

La terre (*humus*) et l'homme (*homo*) sont de la même famille étymologique, *homo* étant lui-même issu d'*humus*. Comme Adam, modelé dans la terre, nous trouvons notre énergie au contact de la nature.

À un moment ou à un autre, nous ressentons tous l'appel de la nature. Les espaces verts, les animaux, les plantes, les arbres, le soleil, l'air frais et les cours d'eau ont un effet bienfaisant et apaisant, mentalement et physiquement. Et si nous nous laissions pénétrer par leur harmonie pour nous régénérer ? Encore faut-il en prendre soin car si la nature va mal, il est certain que l'homme ne sera pas bien, les deux sont liés.

Tout est vibrations

Toute matière est faite d'atomes et d'électrons, qui sont de l'énergie. Donc tout être, matière, liquide ou gaz, son, lumière, onde, champ… est énergie.

Le fait que tout soit vibrations apporte une première notion importante : sans énergie, la vie ne serait pas possible ! Tous les êtres vivants sont irrigués par ces énergies vitales universelles. Voilà pourquoi ces énergies sont indispensables pour que nos propres actions, pensées, paroles puissent être mises en mouvement, donc influencer notre environnement par leurs niveaux vibratoires. Cela signifie que changer d'état est possible, en passant d'une vibration à une autre, en changeant de fréquence comme on change de fréquence radio. Grâce à cette loi immuable de l'énergie en mouvement et des vibrations, nous pouvons prendre conscience qu'il est possible de vibrer autrement, de changer de vie, voire de devenir quelqu'un d'autre ! Il est ainsi possible de passer d'une personne triste à une personne heureuse, d'attirer l'abondance et l'amour ou même de se guérir… Et vous, quand changez-vous de fréquence ?

Vibrez pleinement et sereinement !

- Aimez-vous, respectez-vous, prenez soin de vous.
- Ayez une hygiène de vie saine (alimentation, activité physique, détente de l'esprit, méditation, sommeil).
- Cuisinez avec amour : soyez présent à ce que vous faites, en conscience, ne cuisinez pas avec la télé en fond sonore ou dans la précipitation ou le stress ; donnez une intention à vos gestes. Les belles pensées et les bonnes énergies mises dans un plat nourriront mieux ceux qui auront le plaisir de le déguster !
- Pour garder une bonne énergie, vérifiez votre environnement et les incidences électromagnétiques du sol : veines d'eau, réseau Hartmann ou champs énergétiques de la terre, ondes, etc.
- Faites le plein de nature : jardinage, bain de forêt (voir p. 60), marche pieds nus dans l'herbe pour vous connecter à des vibrations particulièrement élevées.
- Focalisez-vous sur le positif, utilisez les affirmations positives, tenez un carnet de gratitude, bref, soyez optimiste !
- Vivez en accord avec vous-même, ne vivez plus dans le non-dit. Alimentez vos passions, surmontez et détachez-vous du regard des autres, prenez des risques, sortez de votre zone de confort ; soyez confiant en l'avenir, reconnaissant au présent et compréhensif envers le passé.
- Éloignez-vous des personnes qui vous mettent mal à l'aise, qui aspirent littéralement votre énergie au point de vous retrouver épuisé après un moment passé avec elles.
- Croyez en vos anges protecteurs.

Les aliments aussi

Pour rester en bonne santé, préférez les aliments et boissons qui vibrent suffisamment pour vous apporter de l'énergie : ce sont les aliments biogéniques (qui donnent de l'énergie, apportent de la vitalité, guérissent) et bioactifs (qui maintiennent la vitalité).

- Privilégiez les aliments frais, vivants, à fréquence vibratoire élevée : fruits et légumes bio crus (cuits, ils perdent de leur énergie), de saison et cueillis à maturité (idéalement mangés moins de deux jours après la récolte, après, leur taux vibratoire descend), notamment les légumes verts à feuilles sombres, noix et graines crues, en particulier germées (vivantes, leur taux vibratoire est alors à son maximum), herbes fraîches, produits de la mer frais, aliments fermentés, huiles végétales pressées à froid, superaliments (baies, gelée royale, algues, pollen frais, ginseng, etc.), chocolat cru. En saison des cueillettes, pourquoi ne pas vous promener dans les champs ou les vergers pour profiter d'un taux vibratoire maximal ?

- Préférez une eau fraîche, dynamisée, pour renouveler les 60 % d'eau environ que nous avons dans le corps. Pour obtenir une eau dynamisée, il existe plusieurs méthodes : mécanique, en utilisant le principe du vortex (veillez à ce que le vortex ne soit pas créé par un moyen électrique, il vous suffit de provoquer des tourbillons dans un sens puis dans l'autre avec une cuillère en bois, par exemple), électromagnétique avec un aimant ou une pierre naturelle, etc.

- Fuyez les aliments biostatiques, qui ralentissent cette même vitalité, et les aliments biocidiques, qui la détruisent : aliments transformés, raffinés, dénaturés, sucre, aliments provenant d'animaux morts. Tous ont un taux vibratoire très faible et entraînent des inflammations.

La mémoire de l'eau

L'eau est perméable à l'information. C'est un médecin français, Jacques Benveniste, qui a le premier déclaré, en 1988, que l'eau avait une mémoire, qu'elle conservait des propriétés dont l'origine n'existe plus. Depuis, le chercheur japonais Masaru Emoto a mis en lumière sa résonance magnétique. L'eau serait également sensible à l'énergie émise par la pensée, la parole, la musique… dont elle se chargerait.

Les recherches se poursuivent sur un possible transfert d'informations par l'eau. En attendant, pourquoi ne pas inscrire sur votre carafe d'eau des mots et des intentions positives telles que santé, bonheur, joie ? Vous ne perdez rien à essayer !

Le shinrin yoku, ou bain de forêt : un remède efficace contre le stress ?

Et si nous nous fondions dans notre environnement pour ne faire plus qu'un avec lui ? Quelle est votre relation à la forêt ? Car *La Forêt enchantée* est bien plus que le titre d'une œuvre, la forêt est magique. Elle est un lieu rempli d'amour, d'énergies radieuses et lumineuses. Quittons nos comptines et promenons-nous dans les bois !

Les arbres font du bien à la planète en recyclant le gaz carbonique en oxygène. La forêt est aussi un formidable exemple de solidarité : comme dans une société, chaque plante, chaque arbre communiquent ensemble dans une énergie parfaite grâce à de minuscules rhizomes. Les biologistes ont démontré que ces filaments fongiques transportent des molécules d'un arbre à l'autre, notamment des sucres. Ce réseau semble permettre un échange de nourriture et d'informations.

Mais la magie va bien au-delà…

Depuis quelque temps en Occident, le bain de forêt est présenté comme une thérapie, la sylvothérapie. Les Japonais le savent depuis longtemps, eux qui se voient prescrire des promenades dans les bois et des câlins aux arbres ! Il s'agit de reprendre contact avec son moi profond. Quantité de recherches scientifiques attestent une amélioration du système immunitaire due à des molécules émises par les arbres, les phytoncides, d'une baisse de tension artérielle, d'une concentration et d'une mémoire meilleures. Certains vont même jusqu'à distinguer les bains tonifiants dans les forêts de conifères des bains relaxants dans les forêts de feuillus.

Reconnectez-vous à l'énergie vitale en câlinant un arbre

En forêt, il n'y a pas que la cueillette des champignons ou d'ail des ours, il y a aussi la cueillette d'amour. En effet, les arbres rayonnent une énergie, une aura très forte, irradiante et maternelle, qui explique pourquoi au-delà du bol d'air frais, vous vous sentez naturellement bien en forêt. Allez plus loin et faites l'expérience d'embrasser, d'enlacer un arbre, de ressentir le câlin réconfortant qu'il vous fait.

Votre arbre de prédilection ne sera pas toujours le même : choisissez-le en fonction de la saison : au printemps, la sève est montante et irrigue les feuilles et les branches des feuillus ; à partir de l'automne, elle est descendante, son énergie aussi ; privilégiez le pin qui, lui, garde sa superbe, même en hiver.

- Choisissez votre arbre grand, beau et fort, même si on dit que c'est lui qui vous choisit.
- Approchez-vous de celui qui vous appelle, qui vous interpelle, et mettez-vous en position de réception : placez-vous à deux mètres et demandez-lui la permission de ressentir son énergie. Puis regardez-le du bas de son tronc jusqu'à l'extrémité de ses feuilles ; constatez sa grandeur, sa splendeur et sa sagesse.
- Ensuite, face à lui, les yeux fermés, imaginez sa sève comme un flux d'énergie lumineuse qui va et vient de bas en haut, des racines jusqu'au bout des feuilles, et retourne puiser jusqu'au centre de la terre cette énergie terrestre bienfaitrice que nous ressentons.
- Une fois que vous avez fait cet exercice de visualisation, approchez-vous doucement de l'arbre en portant votre attention sur vos mains, paumes ouvertes vers lui, en plein accueil. Vous pourrez ressentir son énergie par des picotements, de la chaleur ou, au contraire, du froid.
- Approchez-vous jusqu'à l'enlacer, mettez-vous dans une position confortable. Comme vous avez sans doute choisi un arbre imposant, vous ne pourrez pas faire le tour complet avec vos bras et ce n'est pas grave, cela laisse de la place pour faire cet exercice avec vos amis, votre chéri ou vos enfants, mais une fois qu'ils auront déjà fait seuls leur rencontre.
- Bras autour du tronc, posez votre front contre l'arbre et, les yeux fermés, concentrez-vous uniquement sur votre bien-être. Sentez l'énergie que cet arbre partage… À présent, elle circule en vous.
- Vous êtes dans le moment présent, connecté avec cet arbre grâce à l'énergie universelle qu'il véhicule, du noyau radiant de la terre jusqu'au ciel. Vous êtes ancré dans cette forêt. Votre corps est au bon endroit pour accueillir les messages des deux grands pôles d'énergie : le Ciel et la Terre.

- Peut-être avez-vous ressenti de l'amour, un réconfort… Peut-être avez-vous été submergé par des émotions. L'énergie circule à nouveau en vous et vos blocages émotionnels ont disparu.
- Remerciez l'arbre et la forêt qui vous ont insufflé cette énergie et poursuivez vos projets de vie, le plus possible dans le moment présent.

L'air, la terre, le soleil et l'eau : des éléments clés

L'air, vital

Quand nous respirons, nous absorbons de l'oxygène, mais aussi des ions négatifs dégagés par les arbres qui nous permettent de fonctionner de manière optimale. Bien oxygéné, notre cerveau réfléchit mieux, se détend et notre corps reprend des forces.

- Sortez dès que vous le pouvez prendre l'air et respirer.
- Aérez régulièrement votre intérieur, souvent plus pollué que l'extérieur.
- Allez le plus souvent possible dans des espaces naturels (forêts, plage, montagne…).

La terre, notre racine

Avez-vous remarqué comme vous vous sentez bien en marchant pieds nus sur votre plancher, dans l'herbe, sur le sable, dans l'eau ? C'est que vous vous reconnectez à la terre, aux électrons négatifs à la surface du sol, ce qui a pour effet de vous resynchroniser avec votre horloge biologique, vous enraciner et vous offrir une stabilité. Lorsque nous marchons pieds nus, nous exerçons une pression naturelle sur les nombreuses terminaisons nerveuses situées sous nos pieds, en contact avec la terre : relancées, elles stimulent la circulation sanguine, favorisant une meilleure oxygénation, relancent les méridiens, renforcent le système nerveux, éliminant le stress. Vos points réflexologiques situés sous les pieds sont réactivés et communiquent avec les organes qui leur sont affiliés, pour notre plus grand bien : les énergies accumulées sont libérées, le flux est à nouveau actif, déclenchant une relaxation profonde.

Le soleil, ce feu

Notre mode de vie a changé et nous nous sommes éloignés des rayonnements du soleil et de la lumière naturelle.

Dès que vous le pouvez, rechargez-vous en énergie solaire. Elle sera convertie en énergie cellulaire et régulera votre métabolisme. Le soleil permet aussi la fabrication de la vitamine D. Si vous le pouvez, préférez vous exposer le matin ou au crépuscule pour plus d'effets réparateurs. Évitez les heures chaudes, inflammatoires.

L'eau, origine de la vie

C'est de l'eau qu'est née la vie. De tout temps, elle a été utilisée pour les soins. Elle permet de se décharger de toutes les tensions comme de se revigorer. Chaude ou froide, l'eau est toujours bienfaisante, que ce soit à l'extérieur, dans les cours d'eau ou les vagues, ou dans le confort de votre salle de bains. Si certains aiment se réveiller avec elle, je préfère en bénéficier le soir, pour me décharger des tensions de la journée.

Notre planète : l'affaire de chacun

Petite lettre à nous, les enfants ingrats de notre terre mère, reprise d'un de mes livres de chevet, *Harribitxi* d'Olivier Goujon[1].

> *« La planète se meurt et nous la regardons dépérir. […] Ce n'est pas l'environnement qui a un problème, c'est l'homme et ses attitudes qui constituent un problème pour l'environnement. […] La nature ne sait pas détruire la nature, si ce n'est pour mieux la reconstruire.*
>
> *[…] Notre mode de vie occidental qui se propage par la mondialisation à l'ensemble de la planète est en train de la ruiner. La pollution est omniprésente. Les dérèglements climatiques se multiplient et s'aggravent. Tous les spécialistes indépendants et apolitiques tirent la sonnette d'alarme.*

1. *Harribitxi, un cœur de pierre*, Olivier Goujon, Souvenirs de gomme, 2008.

Il est déjà trop tard pour bon nombre de combats : des milliers d'espèces végétales et animales sont perdues pour toujours. Il s'agit maintenant de limiter les dégâts. Au lieu de cela, la destruction de l'environnement par l'homme continue de s'intensifier. Nous devrions déclarer la guerre à ces comportements égoïstes et suicidaires et nous ne faisons rien, préférant gérer un quotidien que nous avons déjà tant de mal à maîtriser. Un jour viendra où la nature nous lancera un ultime avertissement mais il sera trop tard.

[…] Comment laisser ce crime contre la nature se poursuivre ? Au nom des grands intérêts d'un petit nombre d'exploiteurs et du confort mesquin des masses de consommateurs ? Comment en êtes-vous arrivés à accepter l'inacceptable en toute conscience ? Que vaut votre conscience dans ce cas ?

[…] L'heure n'est plus à se demander s'il faut agir. La seule question qui devrait être présente dans tous les esprits est la suivante : comment sauver la terre et l'homme du désastre qu'il a commis ? ».

Mes gestes d'écocitoyenne

Chaque personne est déterminante pour l'évolution du monde et a une influence par ses habitudes quotidiennes et ses gestes écocitoyens. En voici quelques-uns qui, multipliés chaque jour par les plus de 7 milliards de personnes que nous sommes sur la planète, modifieraient le cours des choses, de nos vies et de celle de nos enfants !

- Ne jetez pas dans la rue ou la nature vos chewing-gums ou cigarettes, ou quoi que ce soit, du reste.

- Ne mettez pas votre paille, un chewing-gum ou un papier dans une bouteille en verre vide.

- Triez vos déchets.

- Coupez l'eau pendant le brossage des dents.

- Munissez-vous d'un cabas ou panier pour faire vos courses.

- Privilégiez les aliments en vrac, sans emballage.

- Consommez bio, local et de saison.

- Laissez refroidir les aliments avant de les mettre au réfrigérateur.

- Appliquez un mode de vie zéro gaspillage (cuisinez en fonction des aliments présents dans votre frigo, ne stockez pas au risque de jeter, sachez que vous pouvez utiliser le sucre, la farine, les œufs après la date de péremption, etc.).

- Jetez vos coquilles d'œufs ou les épluchures directement dans des bacs à fleurs même si vous habitez un appartement : il suffit de remuer un peu le dessus de la terre et y enterrer ses déchets organiques pour fabriquer son propre compost, sans composteur !

- Ne laissez pas le chargeur de votre téléphone branché sur la prise électrique surtout s'il n'est pas relié à votre téléphone. Évitez de charger votre téléphone toute la nuit lorsqu'il se recharge en quelques heures seulement.

- Éteignez tous les appareils, ne les laissez pas en veille.

- Faites du covoiturage, prenez votre vélo ou encore marchez. Sinon prenez les transports en commun.

- Mettez un pull plutôt que de monter le chauffage.

- Préférez le circuit des vêtements de seconde main.

- Et pour les animaux, plutôt que d'aller en élevage, préférez ce que j'appelle les « deuxièmes chances » : des petits cœurs vous attendent en refuges. Des jeunes, des vieux, des racés, des bâtards… N'ayez pas peur d'accueillir dans votre foyer des animaux au passé parfois trouble. il n'y a que des maîtres responsables du comportement de leur chien. Avec beaucoup d'amour et de patience, redonnez une vraie place à ceux qui n'attendent que vous pour vous rendre gratitude et amour.

Et vous, quels sont vos gestes citoyens ?

....

....

....

....

Rendre (un peu) à la nature ce qu'elle nous donne

Et qu'en est-il de notre petite contribution pour les animaux sauvages ?

Il vous est possible de :

- laisser un passage dans votre jardin pour les hérissons et fabriquer des hôtels à insectes ;
- poser des nids pour les hirondelles ;
- mettre en place un point d'eau à disposition des animaux dans votre jardin avec des « enrochements », pierres et cailloux afin que les plus petits puissent boire sans se noyer. Pourquoi ne pas recycler la mini-piscine en plastique de votre enfant, type pataugeoire, ou autre contenant peu profond enterré à fleur de sol ? En appartement, accrochez sur le rebord de vos fenêtres ou sur votre bacon une coupelle d'eau fraîche pour les oiseaux et les insectes en été. Pensez à renouveler l'eau toutes les semaines ;
- placer des boules de graisse dans les arbres en hiver pour les oiseaux ;
- privilégier, si vous le souhaitez et que vous avez suffisamment de place, une zone de votre jardin où vous ne tondrez plus et où vous laisserez faire la nature. Cette parcelle naturelle constituera un formidable lieu pour la naissance de plantes sauvages, de papillons, abeilles et autres petits habitants de votre jardin ;
- semer des fleurs mellifères qui attireront les butineurs : facile grâce aux sachets de mélange de semence multifleurs.

Vivre au côté d'un animal

Au-delà du fait qu'il est largement adopté dans nos foyers, et pas seulement pour assurer la garde de nos maisons, qu'il peut grandir avec nos enfants et accompagner nos seniors comme les malvoyants, qu'il adoucit les journées des personnes malades ou handicapées qu'il visite à l'hôpital quand c'est autorisé, le chien est un animal incroyablement bon. Pour nous, il a accepté de troquer ses gènes de chasseur et sa liberté contre la protection d'un foyer. Il nous tient compagnie, sans nous juger et en nous aimant toujours. Il n'a pas de mauvaises pensées, pas plus qu'il n'est pervers, il ne manipule pas. Il vit le moment présent et souhaite le futur uniquement à nos côtés.

La zoothérapie est une méthode thérapeutique qui utilise comme médiateur la proximité d'un animal auprès d'un humain souffrant de troubles physiques ou mentaux. Et c'est prouvé, les enfants, les personnes âgées, les malades ou personnes en quête de sens ou encore les personnes dépressives ressentent un soulagement en présence d'animaux (chien, chat, cheval, etc.).

Maintenant que vous avez renoué avec ce qui constitue votre enveloppe terrestre, que vous l'avez choyée, sculptée et purifiée, que vous vous êtes reconnecté avec la nature et les animaux, il est l'heure de prendre de nouvelles habitudes alimentaires pour respecter vos nouveaux besoins.

L'alimentation, bienfaisante et nourrissante

Ce que vous mangez devrait être votre première médecine. L'alimentation permet de maintenir et retrouver vitalité en vous préservant de la fatigue et des maladies chroniques. Voici mes conseils pratiques pour changer tout en douceur vos habitudes et vous réchauffer le cœur à ma cuisine.

Mais avant, voici comment tout a commencé pour moi.

Ne pas manger de viande, pour être en accord avec mes idées

J'avais 4 ans. Nous étions chez des amis qui faisaient un barbecue. Les enfants avaient été placés à une table séparée, à l'abri du regard des adultes. En fait, il n'y avait que des ados, âgés d'une dizaine d'années de plus que moi : mes cousins, deux grandes filles un peu gourdes, mon frère et moi, la plus petite. Les filles parlaient fort, elles étaient présentes par leur corpulence, par leur gouaille, elles avaient les joues rouges, un peu comme des ogresses. Moi, je ressemblais à une brindille, j'étais discrète, timide et élégante avec mes cheveux longs châtains, joliment ondulés par la natte que Maman m'avait faite la veille avant d'aller dormir.

Alors qu'ils prenaient l'apéro à côté des premières braises, mes parents annoncèrent : « Devinez quoi ? Delphine nous a dit qu'elle ne veut plus manger de viande ! » J'arrive encore à entendre les esclaffements des deux ogresses et des adultes qui pensaient tous que mes parents n'avaient pas de chance d'avoir un enfant qui fait des caprices alimentaires ! Tout le contraire de Lio, mon frère aîné de 9 ans, pour qui ça a toujours été la croix et la bannière de faire manger des légumes. Il ne jurait que par le steak haché. « Lio, c'est vrai, il est un peu embêtant pour les légumes, mais sinon, il mange de tout. » Car dans ma famille où la viande est LE plat (agrémenté de pâtes et de légumes quand il y en a mais ça prend souvent trop de temps à préparer), quand on mange de la viande, on mange de tout ! Mes parents pensaient que d'ici quelques semaines, ils auraient déjà oublié cette crise que leur fille voulait leur faire avaler !

Fillette grande mais frêle, il m'en a fallu du courage et de l'obstination pour mener ce si grand combat à l'extérieur mais surtout au sein de ma famille. Ou peut-être avais-je la tête bien dure… Vingt ans plus tard, arrivera le soutien des véganes mais d'ici là, il m'a fallu garder patience et serrer les dents !

Le jour où j'ai « mangé du chien »

Bien que j'aie annoncé à mes parents que je ne voulais plus manger d'animaux, le boucher du supermarché, avec un sourire, arrivait encore à me faire manger des tranchettes de saucisse reconstituée ; je n'osais pas dire non. C'est de la même manière que ce jour de barbecue, je me suis retrouvée avec une côtelette dans l'assiette au milieu de mes crudités. Je mangeais tranquillement assise à ma place, sans parler. Les ados bavardaient haut et fort, riaient et m'accordaient peu d'attention jusqu'au moment où j'ai senti leurs regards sur moi. Ils s'étaient donné le mot pour m'embêter, mettre les pieds dans le plat ou plutôt dans l'assiette de cette petite qui s'obstinait à manger autrement. Ce qui est différent intrigue, et lorsqu'on ne peut pas comprendre, la moquerie est certainement l'outil le plus facile.

Soudain, j'ai senti près de moi la chaleur d'une des deux sœurs aux joues rouges. D'habitude, elle parlait à plein gosier, souvent avec des mots bien gras qui faisaient rire les adultes, mais à ce moment-là, c'est doucement qu'elle a chuchoté à mon oreille. Malgré son petit sourire en coin et ses jeux de regard avec les autres, j'ai écouté poliment ce qu'elle avait à me dire, me demandant tout de même ce qu'elle pouvait bien me vouloir. À quelle sauce l'ogresse allait-elle me manger après avoir dévoré sa côtelette ? Je ne le savais pas encore, mais elle allait changer à jamais ma vie.

« Delphine, qu'est-ce que tu as là dans ton assiette ?

— J'en mange juste un peu pour faire plaisir à papa et maman. Un peu tous les jours, ils ont dit.

— Mais tu sais ce que c'est ?

— …

— C'est du chien ! »

Sans dire un mot, j'ai regardé mon assiette et le jus rouge qui encerclait mes crudités. J'étais glacée, entre incompréhension et dégoût, je ne savais pas comment réagir, me défendre de cette mauvaise blague qui ne pouvait de toute évidence pas être vraie. J'ai esquissé un sourire gêné mêlé de larmes naissantes, alors que ma gorge se nouait malgré moi en entendant les gloussements de tous ces grands dadais qui attendaient de voir la tête que j'allais faire.

J'ai cherché du regard mon grand frère, aussi timide que moi mais plus grand. Il était partagé entre la solidarité fraternelle et le consentement aux blagues puériles de ceux qui avaient le même âge que lui et dont le cerveau était sans doute saturé d'équations de maths ratées mais certainement pas de bienveillance envers une fillette d'une dizaine d'années de moins qu'eux. Mon frère m'adressa un large sourire protecteur avant de lâcher : « Mais non, c'est pas du chien, t'inquiète pas, c'est du bœuf ou du veau ! »

Sa réponse ne m'a pas plus réconfortée. Imaginer un bœuf se faire tuer pour que je puisse faire plaisir à mes parents en mangeant ce petit morceau ne me faisait pas plus plaisir que d'imaginer que c'était du chien. Le procédé était le même, la douleur la même.

Ce que j'ai ressenti ce jour-là a depuis été renforcé de nombreuses fois. Alors que j'étais au primaire, mon grand-père avait invité ses copains pour abattre un cochon. Ils étaient cinq autour de cette bête apeurée, affaiblie par la corde qui lui lacérait le cou. La pauvre inspirait ses dernières secondes de vie entre deux coups de massue qui lui enfonçaient le crâne jusqu'au niveau des yeux. Cigarette au bec et marcel taché de sang, c'est de sang-froid et en toute camaraderie qu'on tuait alors le cochon dans les fermes. Ils buvaient ensuite un Picon bière, en attendant que l'animal se vide de son sang pour en faire des boudins. Je me souviens très bien de l'odeur et de la vue de ce corps martyr, fumant dans une grande baignoire rouillée à l'extérieur remplie d'eau brûlante. Le but était de brûler et retirer les poils de cet animal dont l'intelligence est supérieure à celle du chien. Ça fumait et l'âme de ce cochon s'évadait aussi. Trop de souffrances dans cette vie, il fera peut-être mieux dans la prochaine.

Voilà comment j'ai arrêté de manger l'autre, l'animal, et comment j'ai découvert le merveilleux paradis du végétal. C'est certainement mon déclic de vie le plus évident. Il m'a fallu cet épisode choc pour modifier à tout jamais mon régime alimentaire et finalement être en accord avec moi-même et mon amour de toujours pour les animaux.

- Environ 300 millions de vaches sont abattues chaque année.

- 1,4 milliard de porcs sont tués chaque année.

- Entre 1 000 et 2 500 milliards de poissons sont tués chaque année.

- Environ 500 millions de moutons sont tués chaque année.

- Environ 85 milliards de volailles sont tuées chaque année[2].
- On estime qu'un végétarien sauve en moyenne la vie de 472 animaux par an[3].

Petite Delphine de 4 ans, tu peux être fière : aujourd'hui, grâce à ton choix, tu as épargné la vie de près de 12 000 animaux.

La viande, encore centrale dans notre alimentation

Beaucoup de personnes ne se sentent pas concernées par une remise en question alimentaire : partant du principe qu'elles continuent ce qu'elles ont toujours fait comme la grande majorité, c'est celui « qui se convertit » à une autre alimentation qui leur paraît marginal, pour ne pas dire louche. Souvent, on demande à mon compagnon : « Alors, elle t'a converti ? Tu as tenu bon ? » Comme si cette quête d'autre chose avait à voir avec la religion, le caprice temporaire pour un régime ou encore un phénomène de mode. Et si notre choix d'alimentation était un choix de vie, d'actes et de valeurs plus profond que la perception binaire que certains peuvent avoir : « Tu manges de la viande, oui ou non ? » Au-delà de ce choix, il y a tellement plus…

Certains s'abritent derrière leur groupe sanguin qui leur dicterait leurs préférences alimentaires. D'autres pensent que le contenu de notre assiette a un genre : ainsi, les hommes seraient plus attirés par la viande pour, inconsciemment ou consciemment, être plus virils, nourrir leur corps d'athlète et gonfler ce muscle patriarche qui n'aurait pas toute sa superbe « testostéronesque » (oui, j'ai inventé cet adjectif !) avec de la salade ! Quel dommage de réduire cette autre alimentation à de la verdure ! Personnellement, j'adore la batavia et la frisée, mais, heureusement, je ne mange pas que ça ! Gagner en énergie, découvrir des goûts, des textures, faire du bien à son corps, rester jeune plus longtemps et se réinventer, c'est pourtant un beau programme, non ?

---

2. *Comment j'ai arrêté de manger les animaux*, Hugo Clément, Seuil, 2019.
3. Données récupérées à partir des statistiques du Human Sciences Research Council et du United States Census Bureau, relayées par le site Curioctopus.

D'autres encore disent que c'est plus facile pour les femmes de réduire la consommation de viande, car elles « ont moins besoin d'énergie que les hommes » ! Elles n'auront qu'à s'astreindre à manger à elles seules le nombre de fruits et de légumes recommandé pour le foyer ! Les mâles alpha diront aussi qu'il n'y a rien de mieux qu'un bon steak lorsqu'on a les crocs ! Messieurs, je vous adore, mais je ne fais que relater les phrases que j'ai entendues ou vues sur mes réseaux sociaux. Très sincèrement, chacun est libre de consommer et de vivre à sa façon.

Ne zappez pas !

Si je touche un point sensible ici, surtout, ne zappez pas ! C'est comme en réflexologie plantaire : parfois, ça fait mal avant de faire du bien, alors poursuivez votre lecture. Rappelez-vous, dans ce livre, je partage avec vous et POUR VOUS mes convictions, mes coups de cœur, mes idées et mes trouvailles. Après, promis, rien ne vous empêchera de poursuivre votre choix de vie. Mais qui sait, peut-être en changerez-vous. L'important est d'agir par choix réel et non convenu.

L'assiette est un sujet omniprésent tant nous passons de temps dans notre vie à manger (environ quatre ans), à préparer à manger (environ quatre ans). Sans compter le temps que met notre corps à digérer le contenu des repas : au moins douze heures par jour avec les trois repas. Oui, vous avez bien calculé : à 80 ans, hors jeûne, vous aurez digéré pendant quarante ans. Autant se poser quelques heures pour réfléchir à tout cela.

Malgré une baisse continue de la consommation de viande depuis cinquante ans, elle reste centrale dans notre alimentation, et ce, au détriment de l'environnement et de notre santé : près d'un kilo par semaine et par habitant en France.

Chacun défend son steak

Aujourd'hui, les publicitaires misent toujours plus sur des images de nature, d'animaux au poil brillant et au plumage sublime : de quoi nous faire toucher du doigt la superficialité du marketing, ou l'art de savoir couvrir d'un voile d'humanité le moindre acte au couteau.

À la télévision, accompagné d'un générique doux, on n'a jamais vu autant d'animaux caressés avec amour par leurs éleveurs avant d'être accompagnés, toujours avec amour, à l'abattoir. Bon, il est vrai que la deuxième partie de la publicité n'est pas montrée à la télé !

Surprise ! Vous pourrez néanmoins découvrir la suite, si vous le souhaitez, en visionnant des vidéos de caméras infiltrées dans les abattoirs. Là, plus de musique mais des cris, des gémissements, des sanglots et des « pourquoi ? ».

Je n'ai rien contre les éleveurs, ils disent aimer leurs bêtes et ont sans doute un pincement au cœur lorsqu'ils voient arriver le camion de l'abattoir qui va emmener leurs animaux. Ce qui me remue, c'est cette acceptation et approbation de conduire à la mort certaine ceux qu'on a pourtant élevés et nourris avec amour, c'est une non-assistance à être en danger de mort. L'instinct de l'animal est très présent, son odorat aussi, il arrive à sentir la plus infime trace de sang, de stress laissés par ses congénères dans les camions. Tous sentent leur fin proche. J'aimerais savoir ce qu'ils pensent vraiment : essaient-ils de croiser une dernière fois le regard de celui qui s'est levé tous les matins pour qu'ils ne manquent de rien, que la gamelle d'eau et de nourriture soit toujours pleine ? Les animaux nous en veulent-ils ? Partent-ils avec cette déception du genre humain à qui ils faisaient confiance ?

Certains me rétorquent : « Écoute, ils ne manquent de rien et ne connaissent que ça, de toute façon. » Très facile de parler à la place de cet animal qu'on préfère ne pas comprendre.

Le camion est là et attend, il ne fait pas bon être à « cette » place ! Et si nous y étions, à cette place d'animaux justement tributaires de l'homme, ne demanderions-nous pas un peu de délais, un peu d'indulgence, un peu d'humanité ? Ne demanderions-nous pas à l'homme de tenter une cuisine sans notre chair, afin qu'il voie par ses propres yeux et papilles à quel point cela peut être bon de nous laisser la vie sauve, de nous laisser vivre la fin naturelle de notre vie ?

Difficile pour moi de concevoir que l'on puisse aimer un animal et en même temps choisir sa mort prématurée (avant quelques mois pour un veau, 2 ans pour un bœuf, 5 ans pour une vache qui peut vivre jusqu'à 25 ans). Si nous étions à leur place, n'implorerions-nous pas d'être considérés comme des êtres sensibles et vivants, à respecter, plutôt que comme des objets ambulants, des aliments vivants ?

J'ai eu cette conversation avec un boucher qui m'a répondu : « Que va-t-on faire avec tous ces animaux d'élevage si on ne les tue pas ? Ils nous resteront sur les bras ? »

Il me revient à l'esprit qu'enfants, avec ma meilleure amie, nous nous rendions à la ferme de mon grand-père le jour de l'abattage des lapins. On arrivait une heure avant pour les sortir de leur cage et les cacher un peu partout dans la grange. Lorsque mon grand-père découvrait, entre amusement et agacement, que les cages étaient vides, il m'appelait et me demandait de lui dire où étaient les animaux, il avait perdu assez de temps comme ça. Lorsque nous n'avions plus d'histoires à raconter, c'était le moment d'aller chercher les lapins : c'était la fin du jeu pour nous, et pour eux aussi. Lorsque nous allions les chercher pour les « amener au peloton d'exécution », ils nous filaient entre les mains et s'échappaient en courant dans tout le corps de ferme. Comme la fin d'après-midi approchait, peut-être qu'il n'en tuerait que deux et pas trois. C'était ma toute petite contribution à cette cause perdue d'avance, à moi, petite fille d'éleveur.

La fameuse discussion avec mon boucher se poursuit, et la mauvaise foi reprend de plus belle : « Delphine, moi aussi j'aime les animaux, je n'ai jamais tué une seule bête de ma vie, je reçois directement la viande. Mon métier, c'est de l'artisanat, de l'art, celui de transformer. »

Comparons le marketing de la filière de transformation des animaux avec celle des agriculteurs. Pour la promo d'un récoltant de pommes, par exemple, le cameraman filme le verger, puis le producteur en train de récolter, et le tour est joué ; rien à ajouter puisque est filmé ce qui se passe. Dans le cas de la viande, le réalisateur et la boîte de pub doivent se casser la tête pour faire ressentir au consommateur le grand espace vert, la complicité et l'admiration de l'animal envers son maître, ce héros – certaines pubs sont allées jusqu'à faire danser un french cancan aux poules. Quelle imagination ! Difficile pourtant de filmer les hangars, puis le camion, l'arrivée à l'abattoir et le gros plan sur la lame ou sur le regard de l'employé… Ainsi, on voit un artisan tout sourire, en train de vendre à une mère accompagnée de son enfant, son fantastique faux-filet, un morceau du ventre de Gigi – c'est peut-être comme ça qu'il l'a appelée encore une semaine plus tôt lors d'une sortie pédagogique à la ferme.

Un animal comme compagnon, un autre pour manger ?

Disons que chacun défend sa thèse et chacun défend son steak. Sous prétexte que cela a toujours été ainsi, on ne se pose pas de question ? Heureusement, tout évolue, tout change, même les notions du bien et du mal ont bougé au cours de l'histoire.

Aujourd'hui, on ne guillotine plus les méchants sur la place publique, mais on continue de trancher la tête à des êtres innocents dans les abattoirs.

Il n'est pas trop tard pour se demander comment faire bien quelque chose qui fait mal : le confinement parqué dans des enclos, dans des cages, l'épée de Damoclès au-dessus de leurs cornes, de leur crête, de leur tête, le coup manqué pour étourdir…

Les croyances ont toujours fait de la viande l'aliment de fête, des riches, qui donne des forces : « Mange un peu de viande, ça te donnera des couleurs ! », « Tu ferais mieux de manger un peu de viande si tu ne veux pas tomber malade » ; « Sans protéines animales, tu ne grandiras pas et tu seras carencée ».

Ces phrases, je les ai entendues toute mon enfance et mon adolescence. Même les amis de la famille étaient chargés de me demander de faire un petit effort : « C'est pour ta santé et cela ferait vraiment plaisir à tes parents. »

Je n'ai pas changé. Aujourd'hui, je n'ai plus de grand-père chasseur à convaincre, plus de lapins à cacher, mais je suis toujours sensible. Je ne veux changer personne, j'aimerais juste faire éprouver aux autres ce que je ressens – cette injustice, cette urgence, cette énormité – pour pointer l'insensibilité de ceux qui « la » produisent et le cautionnement honteux de ceux qui « la » consomment. Non pas parce qu'ils consomment, mais parce qu'ils ne font pas ou ne veulent pas faire le lien entre les photos d'animaux qu'ils likent à tour de pouces et la chair des mêmes animaux qu'ils mastiquent.

Aujourd'hui, fort heureusement, les mentalités ont évolué, les études sur l'alimentation aussi et nous pouvons consommer les produits qui nous font de l'œil, qui respectent notre éthique sans pour autant tomber malades ou être carencés. Bien au contraire, aujourd'hui, même la médecine conventionnelle recommande de rationner la viande à trois fois par semaine au maximum.

Il est vrai qu'avec l'essor des militants proécologie, le mouvement alimentaire végane croissant et la prise de conscience de la vie animale. Les artisans de viande ne savent plus trop comment promouvoir positivement leurs produits.

Comment vendre ces êtres sensibles,
doués de capacités métacognitives et d'émotions,
transformés en barquettes sous vide.

Petites phrases cherchent signification perdue

Certaines phrases entendues au quotidien soulèvent des questions et, par conséquent, induisent réflexions, choix et actions : par exemple, « être heureux comme un poisson dans l'eau ». Que ce soit au bord d'un lac, en plongeant dans la mer ou devant les grands aquariums, qui n'a jamais dit avec émerveillement : « Tu as vu les poissons ! » Et lorsqu'ils s'approchent et nagent près de nous, le bonheur est total. Mais comment peut-on alors infliger à ces mêmes poissons si beaux, si « heureux » d'évoluer dans leur élément une sortie de l'eau, pour les plonger dans l'horreur de l'asphyxie, pour non plus les admirer mais les tuer avant de les manger ?

Autres expressions qui me chiffonnent, entendues face à un film de guerre ou de combat : « C'est l'horreur » ; « C'est un carnage, une boucherie ! ». Le mot « boucherie » est utilisé dans le domaine de la violence, du combat, de la mise à mort, de l'horreur absolue. Voilà pourquoi il m'est difficile de regarder un film violent et sanglant à la télé, surtout s'il y a des passages de « vraie boucherie », quand je pense que dans la vraie vie, les animaux, eux, ne choisissent ni leur rôle ni leur réalisateur et qu'il n'y a pas de deuxième prise possible. Moi, j'ai mal. Et vous ?

L'été dernier, je suis descendue dans le Sud. Dans notre voiture, nous étions bien : il faisait bon, la musique et les rayons du soleil provençal nous chauffaient la peau. Je regardais par la fenêtre lorsque nous avons dépassé un camion équipé de grilles d'aération. Il devait transporter des porcs, des vaches ou encore des moutons. Nous allions sur le chemin de nos vacances, eux allaient sur celui de leur mort. Et même si je n'en étais pas responsable, je ne pouvais rien y faire à cet instant précis. Un combat perdu d'avance ? Non, ensemble, nous pouvons modifier nos habitudes de vie, et par conséquent jouer notre rôle sur celle des êtres vivants qui nous entourent.

Animaux, environnement : le combat à mener pour les défendre n'est pas trop grand. Il faut juste envisager qu'il existe des actions étonnantes de simplicité dont les conséquences positives sont immenses. Pour qui veut agir, il faut commencer par l'assiette. Ne pas consommer de la viande, c'est bloquer la « boucherie », dans les deux sens du terme !

Ils ont eu le déclic !

Depuis des siècles, des penseurs, philosophes, écrivains ou célébrités défendent les animaux avec ferveur. Parmi les plus connus, Voltaire ou Einstein, qui étaient aussi végétariens. Mais ils ne sont pas seuls, jugez-en plutôt :

« La terre donne des richesses en abondance et de la nourriture pacifique. Elle nous offre des repas qui ne sont tachés ni de sang ni d'assassinat. »
– Pythagore

« Quiconque a entendu les cris d'un animal qu'on tue ne peut plus jamais manger de sa chair. » – Confucius

« La chasse est le moyen le plus sûr pour supprimer les sentiments des hommes envers les créatures qui les entourent. [...] Qu'y a-t-il de plus repoussant que de se nourrir continuellement de chair de cadavre ? » – Voltaire

« Il est évident que la nourriture normale de l'homme est végétale. »
– Charles Darwin

« L'homme est le seul animal qui peut être l'ami de ses victimes jusqu'à ce qu'il les dévore. » – Samuel Butler, écrivain britannique

« Rien ne peut être plus bénéfique à la santé humaine ni accroître les chances de survie de la vie sur la terre qu'une évolution vers un régime végétarien. » – Albert Einstein

« Je crois que l'évolution spirituelle implique, à un certain moment, d'arrêter de tuer les êtres vivants que sont les animaux, simplement pour satisfaire nos désirs physiques. » – Mahatma Gandhi

« Aussi longtemps que les hommes tueront les animaux, ils feront la guerre. Aussi longtemps que les hommes mangeront des animaux, ils tortureront à mort leurs victimes innocentes : par centaines de milliers dans les laboratoires et les installations d'élevage collectif, par millions dans les abattoirs des villes, par myriades dans les mers du monde. Leur fleuve de sang ne doit pas servir plus longtemps de nourriture, leur corps de matière première, leur vie de provision pour nous les hommes. » – Eugen Drewermann, végétarien, théologien et psychanalyste jungien allemand.

« J'ai abandonné la pêche le jour où je me suis aperçu qu'en les attrapant, les poissons ne frétillaient pas de joie. » – Louis de Funès

« Si les abattoirs avaient des vitres, tout le monde serait végétarien. » – Paul McCartney

« Ce n'est pas votre droit, basé sur VOS traditions, VOS coutumes et VOS habitudes, de bafouer LEUR liberté afin de leur faire du mal, de les asservir et de les tuer. Ce n'est pas une histoire de droit. C'est une injustice. » – Gary Yourofsky, activiste américain pour le droit des animaux

« Comment pouvez-vous avoir un animal comme compagnon et un autre pour le repas ? » – Martina Navratilova, joueuse de tennis tchécoslovaque

« Le jour où les humains comprendront qu'une pensée sans langage existe chez les animaux, nous mourrons de honte de les avoir enfermés dans des zoos et de les avoir humiliés par nos rires... » – Boris Cyrulnik, psychiatre et psychanalyste

« Mettez un enfant dans un berceau avec une pomme et un lapin. S'il mange le lapin et joue avec la pomme, je vous achète une voiture neuve. » – Harvey Diamond, auteur du livre et du mode de vie *Fit For Life*.

Et vous, quel sera votre déclic ?

Généralement, « les gens mangent de la viande… parce qu'ils mangent de la viande », un point c'est tout. Si la seule raison est le goût, alors je vous donne rendez-vous page 108 pour découvrir mes recettes.

Mais vous commencez peut-être à vous poser des questions… Bien sûr, changer d'alimentation passe par un déclic. À chacun le sien. L'essentiel est de prendre conscience, petit à petit, que vous pouvez manger autrement. Commencez peut-être par un repas végétarien par jour, au dîner par exemple ?

L'évolution doit se faire sans effort, sans pression, naturellement ; elle doit répondre à un besoin, une envie, une évidence. Il y a autant de déclics que de sensibilités et d'êtres. Certains l'auront très jeunes, comme moi, d'autres à l'âge adulte. Pour certains, le déclic viendra d'une prise de conscience environnementale, d'un documentaire qui les aura dérangés ; pour d'autres, ce sera une question sanitaire ou de santé. Pour moi, cela a été tout simplement l'empathie. Quelle que soit votre raison, vous verrez, il est très rare de revenir en arrière. C'est un peu comme un tatouage : s'il est fait pour suivre la mode, il est possible que vous le regrettiez un jour. Mais s'il a une signification intime, personnelle et sincère, vous le garderez toute votre vie.

Nous évoluons chaque jour. Nous pouvons accorder demain de l'importance à des choses jusqu'à présent inaccessibles ou sans intérêt.

La question des protéines

Jusqu'à présent, le discours était que nous devions consommer suffisamment de protéines, ces molécules qui permettent, d'une part, à la musculature de rester tonique et, d'autre part, au cerveau de fonctionner correctement grâce aux acides gras essentiels présents exclusivement dans les protéines animales.

Puis, dernièrement, on nous a dit que pour 20 g de protéines animales consommées, nous ingurgitions aussi des toxines, des graisses saturées, des hormones et des antibiotiques. Et que, tout compte fait, les protéines végétales étaient mieux assimilées par l'organisme qui les digérait plus rapidement avant de les distribuer aux organes qui en avaient besoin. Une digestion plus rapide, c'est plus de temps de repos entre les repas pour le corps qui peut se consacrer à d'autres tâches – trier les déchets, régénérer les cellules, bref, rester sain le plus longtemps possible (c'est d'ailleurs pour cette raison qu'il faut éviter de grignoter entre les repas). En effet, les toxines carnées encombrent notre corps, qui met plus de temps à les trier. En mangeant quotidiennement de la viande, nos organes qui font le travail d'éboueurs s'activent bien plus que les 35 heures réglementaires ! Le résultat sur le corps de ce trop-plein de toxines difficiles à évaluer ? Le corps, en digestion permanente, ne peut plus se régénérer en profondeur la nuit. L'esprit non plus. C'est ainsi qu'apparaissent des problèmes cardiovasculaires, du cholestérol, du diabète, des intestins paresseux, des problèmes de peau, de l'acné, une transpiration excessive, une mauvaise haleine, des reins fatigués, un foie engorgé, des cellules qui vieillissent prématurément… Voilà pourquoi ne plus manger d'aliments trop riches ou longs à digérer (sucres, viande, laitage) après 17 heures est bénéfique puisque le corps a alors la possibilité de se renouveler pendant la nuit.

Sport et végétarisme : hautement compatibles

L'image du sportif avalant un steak ou ne mangeant que du blanc de poulet a la vie dure. Aujourd'hui, de plus en plus de sportifs de haut niveau adoptent une alimentation végétarienne sans que cela amoindrisse leurs performances, au contraire. Les protéines végétales peuvent remplacer les protéines animales, en associant notamment légumineuses et céréales pour couvrir les apports en acides aminés. Beaucoup disent avoir gagné en énergie, avoir moins de courbatures et mieux récupérer. Ce qui s'explique puisque la consommation excessive de viande génère un excès d'acide urique et des toxines. Faites-vous conseiller par un professionnel (médecin du sport, nutritionniste, coach sportif).

Où trouver des protéines végétales ?

Pour 100 g

Seitan	25 g de protéines (+ sélénium, fer, calcium, phosphore)
Pois chiches, haricots	18 g de protéines (+ fibres, fer, folates, phosphore, potassium, manganèse)
Quinoa	13 g de protéines (+ fibres, fer, manganèse, phosphore, magnésium)
Tofu, tempeh et edamame (soja)	10 à 19 g de protéines (+ fer, calcium)
Lentilles (cuites)	8 g de protéines (+ fibres, prébiotiques, folates, fer, manganèse)
Spiruline	8 g (+ fer, cuivre)
Noix, graines	5 à 7 g pour 30 g (+ fibres, bonnes graisses)

Manger végétal, c'est bon pour moi et ma planète

Le goût, c'est la vie. Je fais partie de celles et ceux qui vivent pour manger. En épicurienne, l'un de mes plus grands plaisirs se trouve dans le partage de la table, ces moments de complicité et de confidences échangées autour d'un plat. J'aime découvrir et faire découvrir de nouvelles saveurs et, pendant une vingtaine d'années, j'ai essayé, testé, parfois avec plus ou moins de succès, de nombreuses recettes.

Lorsque mon grand-père venait manger à la maison, je l'entendais arriver de loin. C'était le moment pour moi de quitter le fourneau traditionnel alsacien de la cuisine de mes parents, trop bas pour moi – la grande cigogne que j'étais se tapait régulièrement le front dessus. Je piquais un sprint pour rejoindre celui dont l'âme a à jamais marqué la mienne. Je lui disais un « Saluuut ! » en lui sautant au cou avant de lui faire un gros schmoutz de bienvenue.

J'apportais des effluves de curry qui lui faisaient dire : « Ah, c'est Delphine qui cuisine ce soir du mish-mash. » Le « mish-mash », c'était un mot pour résumer mes plats souvent à base de riz avec des épices du monde entier et des légumes, qui semblaient très appétissants quand je les préparais mais dont l'apparence ou la texture finale était, je l'avoue, souvent moyennes. La vision de mes mixtures colorées lui faisait déjà tourner les talons, il préférait aller manger chez ma tante !

Aujourd'hui, quelle satisfaction de vous proposer ces recettes, qui ont pris de l'assurance, encore plus de goût, de couleurs et de textures !

Un manifeste de régalade
bonne pour le corps comme pour l'humeur.

Manger bio, de saison, local : une évidence

Aujourd'hui, il n'a jamais été aussi facile de s'alimenter sainement avec ce que la terre nous offre.

- Privilégiez les produits bio, locaux et de saison (cultivés ou sauvages) pour profiter pleinement de leurs bienfaits (goûts, vitamines). Les circuits courts sont plus respectueux de la planète et de votre santé.
- Profitez des marchés près de chez vous ou bien inscrivez-vous à une AMAP de votre ville.
- Préférez acheter des produits bruts (fruits et légumes, œufs, céréales, aromates, etc.), que vous cuisinerez vous-même. N'achetez plus de produits transformés, riches en sucres, mauvais gras et bourrés d'additifs.

Mes aliments phares : bienvenue chez moi !

Préparer des pâtes ou du riz, c'est traditionnel, familial, rapide. En un mot, facile. Et puis, ça tient au corps, c'est inratable, économique, sans compter que c'est réconfortant. Bref, faire des pâtes, c'est comme cuire un œuf, c'est le b. a.-ba de tout un chacun, et l'assurance de ne pas mourir de faim, même confiné seul avec un réfrigérateur !

Bien sûr, nous sommes tous des *pasta lovers*. Moi-même, j'ai été élevée aux pâtes à la sauce tomate, c'était d'ailleurs le seul plat qui nous mettait d'accord, mon frère et moi !

Laissez-moi vous faire découvrir mes autres coups de cœur, qui pourraient bien détrôner vos plats de pâtes !

Les céréales

Quinoa, épeautre, avoine, maïs, orge, riz sont parmi les céréales les plus répandues. Les céréales sont riches en protéines, fibres et glucides mais aussi en vitamines et minéraux si elles sont complètes. Préférez-les bio, dépourvues de pesticides et variez leur forme (grains entiers, farine, flocons, etc.). Faites-les tremper, elles seront plus digestes et rapides à cuire.

Le riz et sa multitude de couleurs

Nous connaissons tous le riz blanc, qui reste le plus raffiné, le plus transformé des riz, donc le moins intéressant sur le plan nutritionnel. Mieux vaut lui préférer le riz complet ou demi-complet.

- Le basmati, comme le jasmin ou le thaï, sont des riz longs, à la saveur relevée. Ils se prêtent particulièrement bien aux plats en sauce, colorés par des épices.

- Le riz rond (de Camargue, arborio), plus doux, est délicieux en risotto ou en dessert.

- Le riz noir et son petit goût de noisette donnent une touche originale à vos plats.

- Le riz rouge à grains longs est complet : sa peau est riche en nutriments et en fibres, ce qui lui confère de nombreux bienfaits, mais aussi en vitamine B6 et minéraux. Il fait baisser le taux de cholestérol et régule le sucre dans le sang. Essayez-le avec des légumes ou dans des salades !

Le konjac

Peut-être connaissez-vous ce coupe-faim naturel ? Ce serait dommage de le réserver à ce seul usage. Découvrez ses nouilles, ses tagliatelles ou son riz, riches en fibres et peu caloriques. Parfait dans le cadre d'un régime minceur, le konjac favorise la digestion et a une action détoxifiante. Pour le cuisiner, rien de plus simple : faites comme pour des pâtes classiques, même si son temps de cuisson est plus court (3 à 4 minutes). Pensez à bien le rincer à l'eau froide car le konjac est souvent conditionné dans un liquide de conservation.

L'incontournable quinoa

C'est le riz des Incas, arrivé chez nous grâce au commerce équitable. Il est très riche en protéines, en fibres et se consomme chaud ou froid, en risotto ou salade.

Pour les adeptes du blé… ou pas

Dans la famille, je demande ses cousins : semoule, couscous, boulgour, pilpil, petit épeautre. Mais aussi orge, seigle, avoine…

Et pour ceux qui sont intolérants au gluten, misez sur le quinoa, le sarrasin, le millet, le riz, le riz sauvage, l'amarante, le sorgho.

Les légumineuses

Ce sont les légumes secs : fèves, haricots, lentilles, soja, pois, pois chiches… Ils sont une excellente source de protéines et de fibres et contiennent des vitamines, minéraux et antioxydants. Délicieux chauds ou froids en salade, ils sont tous plus digestes si vous les faites tremper une nuit et cuiront plus vite. Pour gagner du temps, découvrez-les et cuisinez-les en les achetant en bocaux, il ne vous reste plus qu'à les égoutter, les rincer et les déguster !

Les lentilles, trésor de vos repas

Made in France, les lentilles vertes du Puy (AOC) sont délicieuses chaudes ou froides. Elles sont très rassasiantes et riches en protéines et en fer. En Inde, on les associe au riz.

Pour changer, essayez les lentilles blondes, roses, corail, le lentillon blond de Champagne ou encore les lentilles noires beluga. Ces dernières gardent leur belle couleur à la cuisson, tandis que les lentilles corail cuisent plus vite ; elles sont parfaites pour réaliser un dhal indien avec des tomates, du lait de coco et des épices (curcuma, cardamome).

Les haricots, pas tous blancs !

Connaissez-vous les haricots rouges ? Ils sont la base de l'alimentation en Amérique latine. Eux aussi riches en protéines, ils sont les champions des fibres. Blancs, vert clair, rouges ou noirs, tous sont délicieux.

De nouveaux haricots sont arrivés du Japon : ce sont les azukis, cachés dans leur cosse. Frais ou secs, cuisinez-les chauds avec une céréale ou un légume, en soupe, ou froids dans vos salades composées ou encore en purée. Et le must est de les utiliser comme base pour vos gâteaux véganes, ils remplaceront les œufs et même la farine pour des pâtisseries succulentes, originales et hyperfaibles en calories.

Les pois chiches, pas que dans le couscous

Vous les mangez uniquement avec le couscous ? Osez-les dans vos salades ou vos woks de légumes, en purée salée façon houmous ou sucrée en ajoutant du chocolat noir pour en faire une superbe pâte à tartiner (voir page 136) !

Les conserves maison, pour les jours où on n'a pas le temps

Profitez des jours de printemps et d'été pour, votre panier à la main, aller récolter fruits et légumes aux cueillettes de vos maraîchers locaux : c'est un bon moment à passer dans la nature, vous choisirez des légumes à pleine maturité, gorgés de soleil et de vitamines. C'est aussi un super moment à partager avec petits et grands – surtout la cueillette des fraises ou des framboises !

De retour à la maison, commencez votre séance de lavage, épluchage, découpage avant mise en sac de congélation ou en conserve. De la confiture à la sauce tomate, vous ne serez pas peu fière de déguster vos préparations tout au long de l'année.

Les mille et une facettes du tofu

Cet illustre inconnu vous déboussole ? Le tofu vient du soja, une légumineuse asiatique incontournable, et pour cause : c'est l'un des rares aliments intégraux, c'est-à-dire qui apportent tous les nutriments. Le tofu est le fromage frais du soja. La manière la plus commune de manger du tofu est la soupe miso. Ce superbe aliment hyperprotéiné, faible en calories est rassasiant. Il se présente généralement sous forme compacte, en plaquette, cube ou pavé et peut être aromatisé : aux herbes, fumé, aux olives… Vous le retrouvez aussi sous forme plus crémeuse, parfois liquide, pour agrémenter vos céréales du petit déjeuner.

Achetez-le toujours bio. Rien de plus facile à cuisiner : faites-le mariner et dorer à la poêle, ou encore mijoter avec des légumes.

- Le tofu fumé est apprécié des amateurs de goût « bacon ». Il se présente le plus souvent sous la forme d'un pavé. Vous pouvez le découper en cubes ou en lamelles que vous ferez dorer dans une poêle ou frire. Ajoutez-les ensuite à vos féculents (pâtes, riz ou autres graines) ou légumes et nappez avec de la sauce.

- La pâte de soja ou crème de soja remplacera la crème fraîche.

- Le tofu soyeux est une petite merveille, il ressemble à un flan que l'on peut couper et manger froid, tel quel ou avec des condiments, en plat chaud épicé ou non. Il sert aussi à réaliser des soupes, des sauces ou encore des gâteaux auxquels il apportera du moelleux. Il peut également remplacer les œufs.

- Le tempeh, fabriqué à partir des graines de soja, a un délicieux goût de champignon : à accompagner de légumes.

Les œufs

Choisissez-les toujours élevés en plein air, et si possible bio ! Pour ne pas vous tromper, vérifiez le numéro inscrit sur la coquille et la boîte. Le premier chiffre, compris entre 0 et 3, permet d'identifier le mode d'élevage : 0 pour des poules élevées en bio, 1 pour des poules élevées en plein air (label Rouge, leur alimentation est 100 % végétale), 2 pour des poules élevées au sol, 3 pour des poules élevées en cage. Les deux lettres qui suivent indiquent le pays producteur et la fin du code renseigne sur le producteur et la ponte.

Les légumes

Variés et colorés, les légumes regorgent de vitamines, minéraux et antioxydants. Je les choisis frais, en fonction de la saison, si possible bio (dans ce cas, vous pouvez consommer la peau), de proximité et je les mange crus (en salade, tartare, carpaccio, jus, etc.) ou cuits (à la poêle, à l'étouffée, en papillote, à la vapeur, à l'eau, sautés, braisés, au four, etc.).

Pour ceux que la corvée d'épluchage décourage, organisez-vous : épluchez tous vos légumes en revenant du marché et stockez dans des contenants en verre au réfrigérateur. Pensez aussi aux surgelés et conserves sans additifs : mieux vaut des légumes congelés ou en conserve que pas de légumes du tout !

Aujourd'hui, il existe deux grandes familles de légumes :

- les légumes tendance, à la limite du sexy : je parle des aubergines, courgettes, poivrons, tomates et compagnie, bref des **légumes du soleil**, ceux qui mettent de la couleur dans votre assiette ! Mangez-les crus ou séchés, en gaspacho, confiture, gratin, sauce, soupe, jus, concentré ;

- les légumes anciens. Redécouvrons les **légumes racines** chers à nos grands-parents : carotte, panais, radis noir, betterave rouge, navet, céleri-rave, salsifis… Mais aussi **tubercules** : pomme de terre, topinambour, patate douce. Sans oublier les **légumes fruits** : butternut, potiron, potimarron, particulièrement réconfortants et doux pour le système digestif. Les **légumes à feuilles** : la famille des choux, les poireaux, les endives, les blettes, le fenouil… Enfin, pour rehausser les saveurs, pensez aux **bulbeux** : ail, oignon (nouveau, jaune, rouge), échalote, échalion, etc.

Ajoutez à cela les champignons en automne, les herbes aromatiques aux propriétés médicinales (fraîches ou séchées) et les condiments ce sera un vrai plaisir de varier les menus !

Les légumes lactofermentés

Vous en connaissez déjà : la choucroute et le yaourt sont des aliments lactofermentés. La lactofermentation permet de transformer le sucre des aliments en acide lactique, grâce aux bactéries, et les conserve ainsi plus longtemps sans perdre leurs nutriments. Surtout, les aliments fermentés sont mieux assimilés et riches en probiotiques, de bonnes bactéries.

Pour fabriquer vos légumes lactofermentés (chou, navet, carotte, concombre, betterave, cornichons, oignons, etc.), il vous faut de l'eau, du sel et un bocal propre. Lavez bien vos légumes, découpez-les. Placez-les dans le bocal avec des aromates, tassez et couvrez d'eau salée. Fermez le bocal. Laissez-les à température ambiante durant 23 jours puis dans un lieu plus frais. Vos légumes seront prêts dans un mois.

Une fois le bocal ouvert, conservez-le au réfrigérateur et mangez vos légumes sous 15 jours.

Les fruits

Bien qu'on trouve des fraises en hiver ou des kiwis importés de Nouvelle-Zélande, même en magasin bio, préférez-les de saison et locaux. C'est mieux pour l'environnement, la santé, le goût et le porte-monnaie ! Les fruits de saison locaux répondent au bon moment à nos besoins nutritionnels : en hiver, notre système immunitaire est affaibli, ça tombe bien, les fruits de cette saison (agrumes) sont riches en vitamine C. L'été, notre corps a soif d'eau. Les fruits la lui apportent : melon, fruits rouges… La nature est décidément bien faite !

La couleur des fruits, riches en fibres, nous donne une indication sur leur teneur en oxydants : les rouges, par exemple, renferment du lycopène, un caroténoïde bon pour ralentir le vieillissement et protéger des UV ; les bleu, rouge, mauve remportent la palme d'antioxydants, même si les choux, les agrumes, le cacao, entre autres, en regorgent. Mangez-les crus ou cuits à basse température pour profiter de tous leurs bienfaits.

Les graines

Les graines sont un concentré de bons nutriments : fibres, protéines, acides gras, vitamines et minéraux. Elles ajoutent une texture craquante qui relève vos plats (salade, soupe, légumes, etc.). Avec les fruits oléagineux, elles constituent de parfaits en-cas.

Achetez-les en petite quantité car elles ont tendance à rancir, et placez-les dans des bocaux. Vous pouvez préparer vos mélanges à utiliser quand vous voulez.

J'aime particulièrement les **graines de chia** (riches en oméga-3 et 6, en bons acides gras, en fibres, rassasiantes et pauvres en calories, idéales pour un pudding), **de lin** (moulues pour bénéficier de leurs oméga-3, entières avec un verre d'eau pour un effet laxatif), de sésame mais aussi de courge, de tournesol, de pin, de chanvre (superprotéinées). Les essayer, c'est les adopter !

Faites germer la vie

Rappelez-vous, à l'école, vous avez sûrement fait pousser dans du coton des graines de haricot ou de lentille. Retrouvez votre âme d'enfant en faisant germer des graines ! En développement, vivantes, les graines donnent un incroyable coup de peps et se consomment toute l'année. En plus de ce pouvoir sur la santé, leurs goûts et leurs couleurs égaieront vos salades, soupes et autres plats !

Mode d'emploi :

Rincez et égouttez 1 à 2 c. à s. de graines (une variété à la fois[4]) et déposez-les dans le fond d'un bocal. Couvrez d'eau. Fermez le bocal avec une mousseline tenue par un élastique et laissez tremper une nuit. Le lendemain, égouttez et rincez les graines et recommencez comme le premier jour. Faites ceci pendant 3 jours, en égouttant et rinçant si possible 3 fois par jour. Avant de les consommer, rincez soigneusement vos pousses.

Si le résultat vous plaît, achetez un germoir, il vous permettra de faire germer plusieurs variétés en même temps. À vous les superpouvoirs ! Car les graines germées sont la vie même ; consommées en pleine croissance, leur taux vibratoire est très important, et, en en consommant régulièrement, vous augmenterez celui de votre corps !

4. Il est possible de faire germer presque n'importe quelle graine : cerfeuil, moutarde, cresson, lentille, haricot, pois chiche, alfalfa, luzerne, amande, lin, etc.

Des en-cas sains

- Les fruits oléagineux (noisette, pistache, noix, amande, pignon, noix de cajou, noix de macadamia, noix du Brésil, de pécan, etc.) sont des aliments complets riches en protéines et acides gras. Ils sont parfaits en salade ou avec un fruit, en collation. Vous pouvez aussi les consommer sous forme de purée (d'amandes, de noisettes, etc.) : délicieux tartinés ou pour remplacer la matière grasse dans une recette. Limitez-vous à une poignée de fruits à coque par jour car ils sont très caloriques.
- Les fruits secs sont une autre bonne solution : dattes, figues, abricots, raisins, canneberges sont parfaits pour remplacer le sucre dans un smoothie, par exemple.

Les épices et condiments : la petite touche qui change tout

Les aromates relèvent n'importe quel plat et favorisent une bonne digestion. Ils sont également riches en antioxydants et bénéfiques pour prévenir de nombreuses maladies. Si vous faites une semaine détox ou un régime sans sel, les épices comme les herbes fraîches sont si riches en goût qu'elles vous aideront à réduire votre taux de sel.

Mes épices préférées

Cannelle pour sucrer, curcuma et poivre noir pour l'immunité, cumin pour la digestion, gingembre ou piment pour le coup de fouet, noix de muscade pour prévenir les inflammations, baies roses pour l'état grippal, paprika pour la santé mais aussi la beauté, cardamome pour soulager les spasmes, curry pour prévenir les signes de l'âge… Les épices me permettent de varier les saveurs à l'infini.

Mes herbes magiques

Il y a les vivaces qui reviennent chaque année comme le thym, la sauge, la menthe, le romarin ou la ciboulette et celles qu'il faut resemer chaque printemps comme le persil, le basilic ou l'aneth. Faites-en pousser pour les avoir à portée de main !

Pour assaisonner

J'utilise des huiles de première pression à froid (olive, colza) pour assaisonner. Mais j'aime aussi l'huile de lin, de noix (riches en oméga-3), l'huile de coco (pour cuire mes légumes), de courge, de pépins de raisin, de sésame, d'avocat pour varier mes apports.

Dans ma cuisine, j'ai aussi du vinaigre de riz, balsamique, de cidre, de vin rouge, du miso et du tamari (sauce soja fermentée sans gluten), du gomasio (mélange de sel et sésame) et du sel de l'Himalaya, de la moutarde à l'ancienne, des câpres et des cornichons, du beurre de noix de coco.

Pour ajouter de l'onctuosité à mes plats, j'aime la crème végétale de soja (qui remplace la crème fraîche), d'avoine, de coco, d'amandes, de sésame (tahin) comme les purées (de noisettes, d'amandes, de cacahuètes, de noix de cajou).

Enfin, je saupoudre mes salades, légumes ou gratins de levure de bière ou de poudre d'amande qui remplacent très bien le parmesan.

L'équilibre acidobasique ou le juste pH

Pour être en bonne santé, il faut veiller à l'équilibre du pH de son corps. Comment ? En maintenant un état ni trop acide ni trop alcalin. Mais qu'est-ce que le pH ?

Le pH (potentiel hydrogène) est la moyenne de la concentration des ions d'hydrogène dans notre corps, mesurés sur une échelle de 1 (très acide) à 14 (très alcalin), 7 étant considéré comme neutre.

Un bon pH est un pH du sang stable autour de 7,4, soit légèrement alcalin. Mais la pollution, une mauvaise alimentation et hygiène de vie, le surmenage ou encore le stress altèrent le pH et l'acidifient. Le sang réagit au quart de tour et puise les nutriments (oligoéléments, sels minéraux) pour assurer son bon fonctionnement et réduire l'acidité aux organes vitaux, au détriment de notre santé : fatigue, maux de tête, mauvaise digestion… C'est le système tampon. Mais à force de répétitions, les acides s'accumulent dans notre sang et nos tissus cellulaires, et le corps est plus vulnérable aux inflammations, aux maladies : c'est l'acidose.

Pour évaluer le degré d'acidité de votre corps, vous pouvez mesurer son pH urinaire grâce à des bandelettes (vendues en pharmacie) qui réagissent en changeant de couleur selon le pH des urines. Pendant 5 jours, mesurez la deuxième urine du matin (pas la première, forcément très acide), celle avant le déjeuner et celle avant le dîner. Faites la moyenne. Si vous avez un pH compris entre 6,5 et 7,5, c'est parfait. Inférieur à 6,5, il est temps de mettre en place un programme plus alcalin. Au-dessus de 7,5, consultez un médecin.

Tout ce que nous mangeons a un fort impact sur notre pH.

De manière générale, les aliments d'origine animale (viande, produits laitiers, produits transformés) acidifient, tandis que les aliments d'origine végétale (fruits, légumes) alcalinisent.

En résumé, il faut donc manger varié, des produits bruts, et accorder au végétal une place prépondérante dans l'assiette.

Repérez les aliments pour obtenir un équilibre acidobasique :

Très alcalins	Alcalins	Acides	Très acides
• Citron	• Millet	• Blé, orge, avoine	• Édulcorants
• Pastèque	• Laitue	• Poulet, dinde, agneau	• Alcool
• Asperge	• Datte	• Haddock, morue	• Bœuf
• Brocolis	• Pêche	• Beurre	• Burger, hot-dog, bacon
• Ail	• Poire	• Maïs	• Lait de vache, fromage, crème glacée
• Oignon	• Orange	• Huîtres, crevettes, saumon	• Farine blanche
• Persil	• Ananas	• Yaourt	• Sucre blanc
• Mangue	• Riz complet	• Cacahuètes	• Pâtes non complètes
• Papaye	• Patate douce	• Pécan	• Pain blanc
• Épinards crus	• Courgette	• Graines de courge	• Céréales sucrées de petit déjeûner
• Kale	• Quinoa	• Café	• Pâtisseries
	• Radis		• Huiles hydrogénées
	• Banane		• Thé noir
	• Graines de lin		
	• Sucre intégral, de coco		
	• Thé vert		

Mes conseils pour combattre l'excès d'acidité

- Boire un verre d'eau tiède avec du citron à jeun le matin.
- Boire beaucoup d'eau, environ 2 litres, de préférence non gazeuse pour une meilleure absorption. Il est important de renouveler régulièrement l'eau qui nous compose, évacuée par la transpiration et les urines. Cet apport fourni par les liquides bus et notre alimentation nous permet d'éliminer un bon nombre de toxines.
- Manger beaucoup de légumes (surtout verts et les racines) et de fruits. En effet, les légumes verts et ceux à racine ont profité longtemps des rayons du soleil et sont chargés d'énergie positive pour notre corps.
- Éviter les aliments transformés, frits, raffinés, sucrés.
- Utiliser des produits naturels pour nettoyer la maison (bicarbonate de soude, vinaigre, citron, etc.).
- Choisir des produits cosmétiques naturels.
- Diminuer les sources de stress (travail, entourage, environnement, relations, etc.).

Partons à la cueillette de notre santé et redécouvrons les plantes et fleurs sauvages de nos forêts, prairies et jardins

Les plantes herbacées sauvages sont souvent nommées à tort « mauvaises herbes ». Pourtant, la plupart sont comestibles et offrent de belles surprises. Alors, promenons-nous dans les champs !

Ail des ours et orties

Pissenlit

Pâquerettes et trèfles

L'ortie

Cette plante est très riche en protéines et minéraux, de même qu'en vitamines et chlorophylle. Elle contient des principes actifs reconnus, qui font d'elle une plante tonifiante, minéralisante et antianémique. On l'utilise d'ailleurs pour nourrir les animaux et fertiliser les sols.

Pour la récolter, munissez-vous de gants et d'un sécateur, et partez à la recherche des orties en milieu naturel. Évitez les rebords de champs cultivés et prélevez les feuilles au sommet et les jeunes pousses. Vous vous êtes piqué ? Frottez la zone avec du plantain (qui se trouve souvent à côté de l'ortie). De retour à la maison, lavez à grande eau les orties puis séchez-les. Vous pourrez en faire une bonne soupe, une salade, un smoothie (voir page 140), une quiche ou une omelette.

Pour ceux que la cueillette effraie, vous la trouverez en paillettes ou en poudre en magasin bio. À saupoudrer sur vos salades composées. À noter qu'en infusion, elle a une action anticellulite.

Le pissenlit

Il fleurit au printemps dans les jardins et les prés et s'arrache depuis quelque temps, c'est le cas de le dire ! Ses feuilles jeunes et tendres sont délicieuses en salade. Moins fraîches, cuisinez-les en soupe ou revenues à la poêle. Riche en fer, calcium, vitamines C et D, le pissenlit facilite la digestion. Ses racines récoltées l'automne sont utilisées en infusion.

L'ail des ours

Ne le confondez pas avec le muguet. Son parfum aillé fait qu'on l'appelle aussi l'« ail des bois ». Super-riche en vitamine C, il est dépuratif et combat les infections. Dès la mi-mars, récoltez ses feuilles dans les sous-bois. Lavez-les puis séchez-les. Vous pouvez les congeler dans des sacs ou les préparer tout de suite avec une salade ou un délicieux pesto : mixez les feuilles avec de l'huile d'olive, du parmesan et de la poudre d'amandes. Cuites, elles accompagnent à merveille des pâtes.

La pâquerette

Cette fleur de Pâques pousse partout presque toute l'année. Nos enfants nous en font des bouquets, mais vous pouvez l'utiliser dans vos salades une fois lavée. En infusion, sèche ou fraîche, la pâquerette soigne les rhumes.

Les trèfles

À quatre feuilles, il porte chance, à trois feuilles, il est délicieux en salade.

Nos amies de la ruche

Miel, gelée royale, pollen et propolis sont une mine d'or pour la santé.

Vous connaissez le **miel**, cet or liquide sucré produit par les abeilles à partir du nectar des fleurs et qui constitue leur nourriture. Achetez-le local, de préférence en pot, pour renforcer votre système immunitaire et réduire les allergies. Il remplace à merveille le sucre. Mon préféré ? Le miel de sapin, fort en goût.

La **gelée royale**, la nourriture de la reine, est un concentré de vitamines, minéraux, acides aminés et acides gras essentiels. Faites-en une cure fraîche dès l'automne.

Le **pollen** est la semence mâle des fleurs. Sous forme de sachet ou frais à congeler, il aide notre système immunitaire, nous donne de l'énergie et solidifie nos cheveux et nos ongles.

La **propolis** (résine) est anti-inflammatoire, faites-en une cure à l'automne.

Passion chocolat

On a tous une bonne excuse pour manger du chocolat : il est bon pour notre cerveau, notre mémoire, il est riche en antioxydants et protège notre cœur. Pour autant, il faut en manger avec modération, et pas n'importe lequel : le noir (minimum 70 % de cacao) vous apportera des flavonoïdes, des polyphénols et du magnésium et protégera votre cœur, les autres (blanc, au lait) doivent rester occasionnels car ils sont très riches en sucres ajoutés.

Le cacao cru

De la cabosse sont extraites les fèves de cacao que l'on met à fermenter avant d'être séchées. À ce stade, les fèves sont du cacao cru. Elles ne deviendront chocolat qu'une fois torréfiées, concassées et mélangées avec du beurre de cacao et du sucre. Pour profiter du meilleur du chocolat, mangez-le cru. Vous le trouverez sous forme de fèves entières ou concassées, en poudre ou en tablette. Choisissez-le bio et issu du commerce équitable.

Mes boissons préférées

Comment le végétal s'est imposé à moi... dès le biberon

Très vite après ma naissance, mes parents ont constaté que plus les jours passaient, plus j'étais couverte de plaques rouges, d'eczéma de la tête aux pieds, et le moindre cheveu qui voulait bien pousser était directement emporté avec la chute des croûtes. J'étais un bébé crapaud, un de ces bébés fripés peu esthétiques, au sujet desquels on lâche souvent aux parents, un gênant et convenu « oh, qu'il est mignon ! ». Un comble pour une petite fille qui, des années plus tard, allait remporter le prestigieux concours Miss France ! Moi, l'ancien bébé rouge et sans cheveux, je ressens toujours aujourd'hui une petite fierté lorsque les maquilleurs et coiffeurs me félicitent pour la qualité de ma peau.

Dix-huit ans et demi avant de défiler sur des podiums, je n'aurais donc pas pu postuler pour être un Bébé Cadum. Un jour, mon père m'emmena à la pharmacie et tomba sur notre voisine. « Quelle heureuse coïncidence de se rencontrer ainsi ! », s'est-elle exclamée. Très gêné, il balbutia un « non mais, attends, elle dort » pour éviter à tout prix qu'elle voie mon visage de bébé crapaud rouge. Comment allait-elle réagir face à la vision peu commune de la créature que j'étais ? Qui serait le plus mal à l'aise, la voisine ou mon papa ? Après un moment de flottement où chacun retenait sa respiration, c'est les yeux ronds que la voisine bafouilla le fameux : « Ah… Elle est mignonne… »

La morale de cette histoire ne réside pas dans la phrase que vous pourrez dire à la vue d'un bébé laid, mais dans ce que mon père allait chercher à la pharmacie ce jour-là, et qui devait régler presque définitivement mes problèmes de peau : du lait végétal ! Car très vite, les laits maternisés en poudre et autres laits de vache m'ont créé des irruptions et des plaques cutanées. ***Le végétal m'a sauvée, alors c'est décidé, à mon tour, je le défendrai.***

Les boissons végétales

Lait de coco, boisson d'amandes, d'avoine, de riz, de chanvre, de noisettes, de soja : on en trouve désormais presque partout (parfois, avec beaucoup d'eau et des additifs), le mieux est encore de les fabriquer soi-même.

Faites tremper 100 g de céréale (ou noix ou graines) dans un grand volume d'eau froide pendant une nuit. Le lendemain, égouttez, ajoutez 75 cl d'eau de source et mixez. Filtrez si besoin et conservez dans une bouteille 3 à 4 jours.

Les hydrolats

Ce sont des eaux végétales, obtenues par distillation à la vapeur d'eau de différentes parties d'une plante. Lors de la distillation, on obtient l'huile essentielle, qui ne se mélange pas à l'eau et reste en surface. L'eau de distillation, c'est l'hydrolat. On l'appelle aussi « eau florale ». Comme les huiles essentielles, les hydrolats ont de nombreuses propriétés, bien que plus diluées. J'aime les inviter dans ma salle de bains (dans un bain, sur la peau ou les cheveux) comme en cuisine pour parfumer mes plats (smoothies, salades de fruits, sauces). J'aime particulièrement l'eau de fleur d'oranger, de rose, mais aussi de lavande, de vanille…

Mon kit de survie

Toute l'année, je bois du rooibos (sans caféine ni théine, riche en antioxydants), des infusions, de l'eau dynamisée et du kéfir, cette boisson fermentée riche en probiotiques qui stimule l'immunité (voir page 142) en prévention.

Au printemps, pour un coup de boost, je mise sur la sève de bouleau (en cure de 3 semaines), elle permet aussi de drainer et détoxifier.

En cas excès de gourmandise, je prends du charbon actif ou de l'argile pour m'assainir.

Et si je me sens fébrile ou que j'ai attrapé froid, vite, mon extrait de pépins de pamplemousse. Quelques gouttes dans un verre d'eau, c'est un puissant antiviral et antifongique.

Mes recettes aux super-nutriments

Lorsque le plaisir de manger nous fait VRAIMENT du bien…

Quoi de plus beau que de cuisiner pour soi et pour ceux que nous aimons ?

La cuisine est un don de soi, de nos émotions que nous distillons dans les matières que nous pétrissons, mélangeons et assaisonnons.

Pour bien commencer la journée

Energy barres

Un concentré de superaliments à portée de main, idéal pour les coups de mou pendant la journée ! Prenez-en deux avec vous dans une petite boîte, et hop !, direction le sac à main ! Ces barres énergétiques sont très faciles à faire et à décliner en fonction de vos envies et des graines, céréales ou fruits secs présents dans vos placards.

Pour environ 15 barres

90 g de purée d'amandes
20 g de beurre de cacahuètes
80 g de miel de fleurs bio bien liquide
100 g de flocons d'avoine
100 g de flocons de soja
50 g de figues séchées
40 g d'abricots secs
5 dattes
25 g de poudre d'amandes
25 g de noisettes concassées
25 g de noix de cajou entière (ou coupée grossièrement)
1 c. à c. de cannelle
1 c. à c. d'huile de coco

1. Préchauffez le four à 180 °C.
2. Dans une casserole, faites doucement fondre la purée d'amandes, le beurre de cacahuètes et le miel.
3. Lorsque le tout est bien liquide, ajoutez-y, tout en mélangeant, les flocons d'avoine, de soja et les fruits secs préalablement coupés en petits morceaux. Rajoutez la poudre d'amandes, les noisettes concassées, la noix de cajou et la cannelle.
4. Versez la préparation obtenue dans un moule (type 40 x 28 cm) préalablement graissé avec l'huile de coco. Pressez bien la pâte afin que les barres soient compactes et se tiennent bien.
5. Enfournez environ 20 minutes, jusqu'à ce que votre préparation soit bien dorée.
6. Sortez le plat du four. Tracez et coupez des barres, retournez-les et remettez-les au four pour terminer la cuisson, cette fois côté verso, pour une dizaine de minutes. Laissez refroidir avant de déguster.

Ces barres se gardent trois jours une fois rangées dans une boîte hermétique.

Flan aux graines de chia hyperprotéiné

Ce délicieux flan aux graines de chia est parfait pour faire le plein de protéines dès le petit déjeuner ! Gourmand avec son petit goût de banane et facile à digérer, c'est aussi l'en-cas parfait après une séance de sport !

Pour 4 personnes

1 banane
2 c. à c. de poudre de protéines de chanvre (parfumée ou non au chocolat, à la vanille)
1 c. à s. de baies de goji
50 cl de boisson d'amandes
1 c. à c. de miel d'acacia
Cannelle (selon votre goût)
6 c. à s. de graines de chia
8 framboises

Ce pudding de chia se garde deux jours au réfrigérateur.

1. La veille, mixez la banane, la poudre de chanvre, les baies de goji, la boisson d'amandes, le miel et la cannelle, jusqu'à obtenir un mélange homogène. Versez-le dans un saladier et ajoutez les graines de chia ; mélangez bien pendant une minute. Laissez reposer au frais pendant une nuit.
2. Le lendemain, remuez (ajoutez une cuillerée à soupe de boisson d'amandes si vous aimez les textures crémeuses) et répartissez la préparation dans des verrines. Pour finir, décorez avec les framboises.

Les protéines de chanvre

Le chanvre est riche en protéines très digestes. Ses graines sont broyées et dégraissées pour obtenir de l'huile qui va être séchée puis moulue en poudre fine concentrée en protéines. Ce supplément peu transformé est souvent utilisé par les sportifs auxquels il apporte une source de protéines végétalienne complète (il contient les 8 acides aminés essentiels), ainsi que des fibres, des vitamines et des minéraux, mais aussi une action immunitaire et antifatigue. Ajoutez-en 20 à 30 g dans vos smoothies !

Bowl granola gourmand

En collation, au petit déjeuner et même parfois devant la télé un jour tout gris, ce bowl est un trésor de gourmandise. Très rassasiant et délicieusement complet, je l'adore avant une longue journée !

Pour 2 personnes

Pour la base :
100 ml de boisson d'amandes
1 préparation végétale de soja
60 g de fruits rouges congelés
½ banane mise la veille au congélateur
2 c. à s. de flocons d'avoine entiers
fruits frais de saison

Pour un grand bocal de granola :
100 g de cerneaux de noix fraîches
100 g de noix de cajou
100 g d'amandes concassées
100 g de quinoa soufflé
100 g de flocons d'avoine
2 c. à s. de poudre de chanvre
60 g de chocolat noir à 70 %
3 c. à s. de mélange de graines (sésame, tournesol, pin)
3 c. à s. de sirop d'érable
1 c. à s. de cannelle
2 c. à s. de graisse de coco
1 c. à s. de beurre de cacahuète

Une fois refroidi, le granola se conserve dans une boîte hermétique pendant une semaine. Rien ne vous empêche d'y ajouter des morceaux de figues ou de dattes ou des copeaux de chocolat noir.

1. Mixez les ingrédients de la base. Il ne vous reste plus qu'à ajouter les fruits de saison… et le granola si vous le souhaitez.
2. Préparez le granola : préchauffez le four à 180 °C.
3. Hachez au couteau les noix et les noix de cajou. Mettez-les dans un saladier avec les amandes, le quinoa soufflé, les flocons d'avoine et la poudre de chanvre, le chocolat haché en petits copeaux, les graines, le sirop d'érable et la cannelle.
4. Faites fondre la graisse de coco dans une casserole, ajoutez-la ainsi que le beurre de cacahuètes et mélangez bien le tout.
5. Étalez la préparation obtenue sur une plaque recouverte d'un papier cuisson et laissez dorer au four, jusqu'à ce que le granola soit bien croustillant (comptez environ 30 minutes pour un four à chaleur tournante), en remuant toutes les 10 minutes afin qu'il soit doré uniformément. Une fois sorti du four, laissez-le refroidir puis égrainez-le.

« Rémoulade » façon Delphine

Voici un condiment maison, léger mais punchy, parfait pour remplacer la traditionnelle mayonnaise maison, fort en goût, haut en couleur et bien moins calorique. Idéal pour accompagner les asperges, les légumes, le riz ou un burger végétarien.

Pour 4 personnes

1 poignée de persil frais
1 poignée de ciboulette fraîche
6 petits oignons blancs au vinaigre
1 œuf bio dur, déjà cuit
½ c. à s. de ketchup bio
½ c. à s. de raifort
½ c. à s. de curry en poudre
2 c. à s. de vinaigre de pomme
3 c. à s. de soja soyeux
Sel et poivre

1. Hachez les herbes fraîches, les petits oignons ; écalez et émiettez l'œuf dur.
2. Mettez le tout dans un saladier et assaisonnez avec le ketchup, le raifort, le curry, le vinaigre et le soja soyeux que vous aurez au préalable battu pour le rendre crémeux. Mélangez le tout jusqu'à obtention d'une préparation « style sauce rémoulade ». Salez et poivrez à votre convenance

Taboulé mojito

Je me souviens particulièrement bien de quand j'ai créé cette recette, c'était pendant le confinement. Après avoir goûté la première cuillerée, je me suis empressée de noter les ingrédients ! Le mélange croquant du chou-fleur et crémeux du houmous, le côté frais et parfumé de la menthe et de la pastèque sont juste incroyables !

Pour 4 personnes

½ chou-fleur
1 quart de pastèque
2 c. à s. de houmous
1 brin de menthe fraîche
1 c. à s. d'huile d'olive
2 c. à s. de crème de balsamique blanc
½ citron vert
Sel et poivre

1. Lavez puis taillez le chou-fleur en brunoise très fine au couteau (cela permet de garder un bon croquant). Pour avoir un effet « semoule », coupez le chou-fleur en bouquets et mixez 2 à 3 secondes.
2. Coupez en dés la pastèque, réservez son jus.
3. Assemblez le chou-fleur, la pastèque et son jus dans un saladier. Ajoutez l'houmous, la menthe ciselée, l'huile, la crème de balsamique et le demi-citron vert. Salez et poivrez.

Combo douceur mango avocado

Le sucré-salé de cette recette et la texture si fondante de la mangue et de l'avocat vont vous faire voyager… Une rosace de couleurs, relevée par le punch du citron vert et le croquant de l'amande font de cette entrée un vrai régal !

Pour 4 personnes

1 petit oignon rouge
1 c. à s. de vinaigre de balsamique
1 poignée d'amandes effilées
1 mangue
2 avocats
1 c. à s. de menthe ciselée
1 c. à s. de coriandre
2 c. à s. d'huile d'olive
1 c. à s. de crème de balsamique noir
½ citron vert
2 pincées de sel
2 pincées de poivre

1. Coupez l'oignon en rondelles ; désolidarisez les couches pour obtenir des anneaux d'oignon !
2. Dans une poêle antiadhésive (sinon mettez un mini-filet d'huile d'olive), faites revenir ces anneaux d'oignon jusqu'à ce qu'ils soient légèrement dorés.
3. Déglacez avec le vinaigre balsamique et laissez caraméliser en remuant 30 secondes. Retirez du feu et réservez.
4. Dans la même poêle (ne la lavez pas !), faites dorer les amandes effilées 5 minutes en remuant régulièrement. Ôtez du feu et réservez.
5. Pelez et dénoyautez la mangue. Coupez-la en tranches fines.
6. Coupez les avocats en deux, retirez le noyau et enlevez délicatement la peau. Détaillez les avocats dans le sens de la longueur pour obtenir des tranches de la même épaisseur que la mangue.
7. Sur un plat, dressez en alternance une tranche de mangue puis une tranche d'avocat. Lorsque vous avez terminé votre rosace, ajoutez les anneaux d'oignon et saupoudrez d'amandes. Terminez par la menthe et la coriandre. Enfin, arrosez de la vinaigrette préparée avec l'huile, la crème de balsamique, le citron vert, le sel et poivre.

Purée de céleri à la pomme et au sésame

C'est par hasard que j'ai découvert la purée de céleri, parce que je n'avais plus de pommes de terre. J'ai mixé des céleris cuits et la magie a opéré ! Cette purée crémeuse et faible en calories est un trésor du monde végétal. La pomme et le sésame apportent une légère acidité et du croquant.

Pour 4 personnes

70 g de noix de cajou
1 céleri-rave
2 grandes pommes de terre
1 gousse d'ail
1 l de bouillon de légumes
2 pincées de noix muscade
1 filet d'huile d'olive
1 filet de jus de citron jaune
½ c. à c. de sel
4 pincées de poivre aux cinq baies
1 c. à c. de sésame blond
1 pincée de paprika
2 pommes vertes (granny smith)

1. Faites tremper les noix de cajou dans un bol d'eau pendant 2 heures pour les rendre crémeuses une fois mixées, puis rincez-les et égouttez-les.
2. Épluchez et coupez en morceaux le céleri-rave, les pommes de terre et l'ail.
3. Mettez-les dans une casserole, salez, poivrez et couvrez avec le bouillon ; laissez cuire à couvert environ 25 minutes. Vérifiez la cuisson à l'aide de la pointe d'un couteau.
4. Lorsque les légumes sont bien tendres, retirez du feu. Égouttez et réservez le bouillon.
5. Mixez les noix de cajou, les légumes en ajoutant petit à petit le bouillon jusqu'à obtenir la consistance souhaitée. Ajoutez la muscade et mixez jusqu'à obtenir une purée lisse et onctueuse.
6. Transvasez la purée dans un plat, ajoutez le filet d'huile d'olive, de citron, le sel et poivre et saupoudrez de sésame blond et de paprika.
7. Servez avec les pommes coupées en allumettes.

Salade kaki quinoa

J'ai découvert le kaki il y a seulement trois ans. Aujourd'hui, c'est incontestablement mon fruit exotique préféré. En fonction de son niveau de maturité, il passe de croquant à presque « jelly ». L'associer avec le quinoa et la coriandre est une idée originale, et ça fonctionne !

Pour 2 personnes

120 g de quinoa
2 kakis
1 oignon nouveau
20 g de noix
20 g d'amandes
2 beaux brins de coriandre
Le jus d'un citron jaune
5 c. à s. d'huile d'olive
1 c. à s. de vinaigre balsamique
10 g de racine de gingembre
1 c. à c. de graines de sésame
Sel et poivre

1. Dans une casserole d'eau froide, versez le quinoa dans deux fois son volume d'eau salée bouillante et laissez cuire 15 minutes à feu doux, à couvert, puis hors du feu, laissez reposer 10 petites minutes. Égouttez si nécessaire et laissez refroidir.
2. Coupez les kakis en tranches, puis chaque tranche en 2 pour former des lunes.
3. Émincez l'oignon. Hachez au couteau les noix et les amandes ainsi que la coriandre.
4. Mélangez tous les ingrédients avec le jus de citron, l'huile, le vinaigre, le gingembre râpé et le sésame. Salez et poivrez.

Salade chou peps et tofu

Les amoureux de la cuisine asiatique vous tomber sous le charme de cette salade aux notes de citron vert et de gingembre, qui associe tofu, noisettes et chou pour constituer une entrée qui a de la personnalité et beaucoup de fraîcheur.

Pour 4 personnes

1 chou chinois
1 citron vert bio
2 c. à s. de sauce soja
2 c. à s. de tahini (crème de sésame)
20 g de noisettes
8 brins de ciboulette
2 brins de basilic thaï
20 g de racine de gingembre
1 c. à s. de raisins secs
200 g de tofu fumé
1 c. à c. d'huile de sésame
1 c. à c. d'ail en poudre
Sel et poivre

1. Passez le chou chinois sous l'eau claire puis séchez-le avec un torchon. À l'aide d'un couteau, émincez-le très finement.
2. Dans un saladier, réunissez le zeste et le jus du citron vert. Ajoutez la sauce soja, le tahini et 3 cuillerées à soupe d'eau chaude. Mélangez le tout pour obtenir une sauce homogène.
3. Concassez les noisettes et ciselez la ciboulette et le basilic thaï. Râpez le gingembre.
4. Dans un saladier, mélangez ces ingrédients avec l'émincé de chou pour bien l'enrober. Ajoutez les raisins, salez et poivrez et réservez au frais.
5. Coupez le tofu en cubes et faites-les revenir 5 minutes dans une poêle avec l'huile de sésame et l'ail. Une fois dorés, dispersez les cubes de tofu chauds sur la salade de chou.

Tartines fraîcheur grenade nectarine

C'est la tartine estivale par excellence ! Il vous faut un (bon) pain, du tofu soyeux bien travaillé et des tranches de fruits frais et juteux. Servies en entrée ou en plat, ces tartines colorées et vitaminées feront sensation !

Pour 4 personnes

½ oignon rouge
½ poivron rouge
100 g de tofu soyeux
30 g de poudre d'amandes
1 gousse d'ail
1 pointe de piment d'Espelette
8 brins de ciboulette
½ grenade
1 nectarine
4 tranches de pain complet aux graines
1 filet de crème de balsamique (épaisse)
Sel

1. Hachez l'oignon et le poivron.
2. Dans un saladier, mélangez le tofu soyeux avec la poudre d'amandes, l'ail haché, le piment d'Espelette, le sel et la ciboulette finement ciselée. Ajoutez l'oignon et le poivron, puis salez et réservez au frais.
3. Égrainez la grenade et réservez.
4. Coupez la nectarine en tranches.
5. Passez 1 minute au grille-pain les tranches de pain. Tartinez-les généreusement de la préparation à base de tofu. Décorez de tranches de nectarine et de graines de grenade. Terminez par le filet de crème de balsamique.

Salade de brocoli et pomme maltée

J'ai goûté cette salade chez ma cousine Adeline
et j'en suis tombée amoureuse ! Croquant, fraîcheur et caractère :
cette salade aux paillettes maltées sort de l'ordinaire !

Pour 4 personnes

250 g de brocolis
15 g de cerneaux de noix
15 g de pignons de pin
15 g de graines de tournesol
4 c. à s. d'huile d'olive
3 c. à c. de vinaigre de cidre
1 c. à c. de moutarde à l'ancienne
1 c. à c. de miel d'acacia
½ c. à c. de sel
½ c. à c. de poivre
1 poivron rouge
1 pomme verte
1 c. à s. de thym frais
4 c. à s. de paillettes de levure maltée

1. Hachez très finement le brocoli.
2. Concassez les noix.
3. Dans un saladier, mélangez les noix, les pignons de pin et les graines de tournesol. Ajoutez l'huile, le vinaigre, la moutarde, le miel, 2 cuillerées à soupe d'eau tiède ainsi que le sel et le poivre. Ajoutez le brocoli et mélangez pour bien l'enrober.
4. Lavez et coupez en petits morceaux le poivron et la pomme. Incorporez-les à la salade. Mélangez bien et saupoudrez de thym frais et de paillettes de levure maltée.

Salade d'antan caramélisée aux agrumes

C'est en pelant les légumes anciens que l'odeur de la terre, le contact des épluchures ont fait remonter beaucoup de souvenirs. J'ai décidé de les réactualiser en osant le mélange avec les agrumes : un vrai régal !

Pour 4 personnes

300 g de betterave
300 g de courge butternut
1 gousse d'ail
1 c. à c. de curcuma
½ c. à c. de curry
4 c. à s. de vinaigre balsamique
3 c. à s. de boisson de riz
1 poignée de graines mélangées (tournesol, pin, lin, sésame, courge)
1 tomate
1 pamplemousse
1 pincée de cumin en poudre
1 brin de thym frais
1 brin de romarin (ou 1 c. à s. de fleurs de romarin si c'est la saison)
2 c. à s. d'huile d'olive
½ citron vert
1 c. à s. d'amandes concassées
Sel et poivre

Astuce : vous pouvez préparer les légumes la veille pour qu'ils soient bien froids.

1. Coupez en dés la betterave pelée.
2. Épluchez le butternut et coupez-le en petits carrés.
3. Dans une poêle, faites revenir l'ail coupé en dés avec les dés de betterave et les carrés de butternut pendant 3 minutes. Ajoutez le curcuma, le curry, 150 ml d'eau, une pincée de sel et une de poivre. Mélangez, couvrez et laissez cuire à feu moyen pendant 20 minutes.
4. Lorsque les légumes sont tendres et qu'il n'y a presque plus d'eau dans la poêle, versez 1 cuillerée à soupe de vinaigre balsamique pour déglacer le tout. Faites rôtir les légumes dans la poêle, cette fois à feu vif pendant 2 minutes en enrobant bien les légumes qui seront tendres à l'intérieur mais bien dorés à l'extérieur. Versez alors la boisson de riz et ajoutez le mélange de graines. Mélangez bien et retirez du feu. Laissez refroidir.
5. Dans un saladier, découpez la tomate et le pamplemousse (préalablement pelé) en petits dés. Ajoutez le cumin, le thym et le romarin ciselés, les dés de betterave et de butternut, les 3 cuillerées à soupe restantes de balsamique et l'huile d'olive, le jus de citron et saupoudrez d'amandes concassées. Salez et poivrez.

Salade lentilles, melon et trèfle

Le trèfle à trois feuilles apporte le bonheur dans vos assiettes ! Profitez de vos promenades pour agrémenter vos salades avec le fruit de vos cueillettes. Le melon et les lentilles constituent une de mes salades phares, notamment le soir, après les tournages de Fort Boyard. Rapide et protéinée, cette salade a de quoi faire redécouvrir les lentilles à toute la famille !

Pour 4 personnes

300 g de lentilles (sèches, à cuire la veille, ou, si vous êtes pressé, en bocal)
250 g de haricots rouges (secs, à cuire la veille, ou, si vous êtes pressés, en bocal)
7 petites tomates cerises
½ melon
1 c. à s. de moutarde à l'ancienne
Le jus d'un demi-citron jaune
2 c. à s. d'huile d'olive
2 c. à s. de vinaigre de xérès
1 beau brin de basilic frais
2 poignées de trèfle, cueilli dans un champ
Sel et poivre

1. Égouttez et rincez à l'eau claire les lentilles et les haricots cuits et mettez-les dans un saladier.
2. Ajoutez les tomates cerises coupées en deux, le melon coupé en dés, la moutarde, le jus de citron, l'huile, le vinaigre et le basilic ciselé.
3. Lavez à l'eau claire et équeutez les trèfles puis ajoutez-les à la salade. Salez et poivrez.

Des plats goûteux et colorés

Haricots fondants, curcuma et graines de chia

Je suis très fière de cette recette que j'ai créée un jour de confinement, alors qu'il ne me restait plus que des haricots, deux moitiés de poivron, une tomate, un peu de graines de chia et du curcuma. Avec beaucoup d'amour, la magie a fonctionné ! Les graines de chia apportent à ce plat une texture fondante et réconfortante incomparable, et le tout est lié grâce au lait de coco. Un plat complet qui revisite la fondue de haricots !

Pour 2 personnes

500 g de haricots verts frais
1 c. à c. de curcuma
½ poivron vert
½ poivron rouge
1 tomate
400 ml de bouillon de légumes
2 poignées d'ail des ours récolté en forêt (pensez à en congeler !)
100 ml de vin blanc
40 g de mélange de noix de cajou et graines de lin
3 c. à s. de graines de chia
300 ml de crème de coco
Sel et poivre

Variante : pour un plat encore plus gourmand, ajoutez du parmesan végétal. Pour cela : mixez 70 g d'amandes, 70 g de noix de cajou, 15 g de levure maltée, ½ c. à c. d'oignon semoule, ½ c. à c. de sel jusqu'à obtenir une poudre fine. Ce « fauxmage » se garde plusieurs semaines au réfrigérateur.

1. Lavez et éboutez les haricots (enlevez les extrémités) puis coupez-les en morceaux d'un centimètre.
2. Faites revenir vos mini-haricots 5 minutes dans une poêle antiadhésive à feu vif puis saupoudrez-les de curcuma.
3. Lavez et coupez les poivrons et la tomate en petits dés et ajoutez-les dans la poêle. Versez 250 ml du bouillon de légumes et laissez mijoter à couvert pendant 10 minutes.
4. Lorsque le bouillon s'est évaporé, ajoutez l'ail des ours et versez les 150 ml restants de bouillon ainsi que le vin blanc ; laissez cuire 10 minutes en remuant régulièrement.
5. Lorsque les haricots sont tendres, ajoutez les noix de cajou, les graines de lin et les graines de chia, puis versez la crème de coco. Salez et poivrez.

Quinoa crémeux et fruité à la crème de noix de cajou

Ce plat aux couleurs et saveurs d'Orient va vous ravir ! Le mélange quinoa, légumes et fruits est étonnant ! Avec sa sauce au jus d'orange, ce plat original est riche en protéines grâce aux savoureuses lentilles beluga et au quinoa.

Pour 4 personnes

200 g de quinoa
100 g de lentilles beluga
½ c. à s. d'huile d'olive
1 oignon blanc
1 oignon rouge
40 g de raisins secs
40 g d'abricots secs
1 orange bio
1 c. à c. de graines de coriandre moulues
30 g de noix de cajou
150 ml de crème de noix de cajou
20 g de pépins de grenade
1 brin de menthe fraîche
3 brins de persil plat
2 brins de coriandre fraîche
20 g de pistaches hachées non salées
Sel et poivre

1. Portez à ébullition un grand volume d'eau salée et faites-y cuire le quinoa ; égouttez-le deux minutes avant la fin du temps de cuisson préconisé.
2. Dans une autre casserole, faites cuire les lentilles beluga selon l'indication de temps donnée sur le paquet.
3. Faites chauffer l'huile d'olive dans une poêle et faites-y revenir les oignons jusqu'à ce qu'ils soient translucides. Ajoutez les raisins et les abricots coupés en petits morceaux.
4. Prélevez le zeste de la moitié de l'orange et hachez-le.
5. Déglacez le contenu de la poêle avec le jus de l'orange pressée, et ajoutez le zeste.
6. Ajoutez les graines de coriandre moulues, le quinoa et les lentilles, les noix de cajou et la crème de noix de cajou. Salez et poivrez.
7. Au dernier moment, ajoutez les graines de grenade, les herbes fraîches ciselées et les pistaches.

Astuce : pour plus de fraîcheur, servez avec des tranches de citron vert !

Wok de nouilles de riz et sauce cacahuète

Quoi de plus gourmand qu'un wok à base de nouilles ?
Pensez aux nouilles de riz, très gourmandes et pourtant faibles en calories.
La farandole de poivrons est sublimée par la sauce soja et le vinaigre de riz.
De nouveaux goûts à découvrir au plus vite !

Pour 4 personnes

200 g de nouilles de riz
Huile de coco
1 petite échalote
200 g de tofu ferme
1 poivron rouge
½ poivron jaune
1 tomate
1 c. à c. d'huile de sésame
2 c. à c. de vinaigre de riz
1 c. à c. de sauce soja
25 cl de lait de coco
½ citron vert
1 c. à s. bombée de beurre de cacahuète
1 petite poignée de noix de cajou
Sel de mer et poivre

1. Faites cuire les nouilles de riz dans de l'eau au sel de mer ; égouttez-les une minute avant la fin du temps de cuisson indiqué. Réservez.
2. Dans un wok (ou une grande poêle), mettez un peu d'huile de coco si la poêle n'est pas antiadhésive et faites revenir l'échalote.
3. Coupez en petits morceaux le tofu, les poivrons et faites-les légèrement revenir dans cette même poêle. Ajoutez la tomate coupée en petits morceaux et une cuillerée à café d'huile de sésame.
4. Lorsque le mélange est fondant, déglacez avec une cuillerée à café de vinaigre de riz et la sauce soja. Versez le lait de coco, le jus du demi-citron, et ajoutez le beurre de cacahuète et la cuillerée à café restante de vinaigre de riz.
5. Ajoutez les noix de cajou et les nouilles de riz, et mélangez le tout sur feu doux pendant une minute avant de servir.

Riz rouge au paprika fumé

Pour ceux qui adorent le goût barbecue mais qui veulent végétaliser leur alimentation, ce plat va plaire ! Les pois chiches et l'amande vont apporter les protéines rassasiantes et le paprika fumé ce petit goût que vous aimez tant pour un plat haut en couleur.

Pour 4 personnes

200 g de riz rouge
3 c. à c. d'huile de sésame
200 g de pois chiches en conserve
1 gousse d'ail
½ c. à c. de curry
½ c. à c. de curcuma
4 champignons petits-gris
1 tomate
2 c. à s. de vinaigre balsamique
1 c. à c. de sauce soja
3 brins de menthe
2 brins de basilic
½ c. à c. de paprika fumé
4 c. à s. de boisson d'amande
1 pointe de piment d'Espelette
1 c. à s. de mélange de graines (lin, sésame, tournesol, pin)
Sel de mer

Mon conseil : accompagnez ce riz de quelque chose de doux, par exemple une tranche de soja soyeux, pour contrebalancer le « feu » du plat !

1. Faites cuire le riz dans de l'eau au sel de mer, puis égouttez-le une minute avant la fin du temps de cuisson indiqué. Réservez.
2. Dans une grande poêle ou un wok, mettez une cuillerée à café d'huile de sésame si la poêle n'est pas antiadhésive et faites revenir les pois chiches et l'ail haché, puis ajoutez le curry et le curcuma.
3. Coupez en petits morceaux les champignons (gardez leur peau) et la tomate et faites-les revenir dans la même poêle.
4. Lorsque le mélange est bien fondant, déglacez avec le vinaigre balsamique et la sauce soja.
5. Ajoutez la menthe, le basilic et le paprika fumé et laissez cuire encore 30 secondes afin que l'acidité du balsamique s'évapore un peu. Versez la boisson d'amande, ajoutez les cuillerées à café restantes d'huile de sésame et le piment d'Espelette.
6. Intégrez le riz et saupoudrez avec le mélange de graines. Mélangez l'ensemble sur feu doux pendant une minute et servez.

Tagliatelles de konjac sauce corail

Le konjac est révolutionnaire pour les amoureux des pâtes qui, fabriquées avec cette plante, sont à la fois hypocaloriques et délicieuses. Ce plat est complet grâce à ses légumes et aux lentilles corail qui apportent les protéines. C'est mon plat favori !

Pour 4 personnes

200 g de tagliatelles de konjac
200 g de lentilles corail
½ c. à c. d'huile de coco
1 gousse d'ail
1 échalote
½ poivron rouge
½ poivron orange
1 petite courgette
1 c. à c. de curcuma
1 c. à c. de curry
1 pincée de cumin
½ c. à c. de gingembre en poudre
200 ml de lait de coco
2 brins de coriandre fraîchement hachés
Sel et poivre

1. Rincez à grande eau les tagliatelles konjac, égouttez-les et faites-les cuire dans une casserole d'eau bouillante pendant 2 minutes. Égouttez-les à nouveau et réservez-les.

2. Faites cuire les lentilles corail dans un grand volume d'eau salée le temps indiqué sur le paquet, en arrêtant la cuisson deux minutes avant pour que les lentilles soient *al dente*.

3. Dans une poêle, mettez l'huile de coco et faites revenir l'ail et l'échalote hachés, les poivrons coupés en petits cubes et la courgette en rondelles pendant environ 3 minutes, jusqu'à ce qu'ils soient tendres.

4. Ajoutez les lentilles corail, le curcuma, le curry, le cumin et le gingembre en poudre.

5. Remuez et versez le lait de coco, salez et poivrez avant d'intégrer les tagliatelles : enrobez-les de sauce. Avant de servir, ajoutez la coriandre.

Risotto de petit épeautre au poireau et à la châtaigne

Un plat idéal lorsqu'il fait froid dehors ! Le petit épeautre est peu connu, il a pourtant de merveilleuses propriétés : il nous aide à digérer, il est riche en protéines et minéraux. Remettre la châtaigne dans nos plats, c'est facile et vraiment délicieux !

Pour 4 personnes

200 g de petit épeautre
1 oignon
1 poireau
1 filet d'huile d'arachide
200 g de champignons petits-gris
200 g de châtaignes cuites et pelées (en conserve ou en bocal)
1 feuille de laurier
10 cl de vin blanc sec
½ l de bouillon de légumes
2 brins de persil frisé
Sel et poivre

1. La veille, rincez le petit épeautre et faites-le tremper dans de l'eau froide toute la nuit.
2. Hachez l'oignon et coupez le poireau entier en fines lamelles : faites revenir le tout dans une poêle antiadhésive avec l'huile d'arachide.
3. Après 4 minutes, ajoutez les champignons vite rincés à l'eau et coupés en morceaux en gardant leur peau. Ajoutez le petit épeautre et mélangez bien pour l'enrober des légumes, puis ajoutez les châtaignes coupées en quatre, le laurier et versez le vin blanc : laissez-le s'évaporer avant de verser une louche de bouillon. Mélangez.
4. Lorsque le bouillon est évaporé, ajoutez une nouvelle louche. Renouvelez ainsi l'opération pendant 30 minutes, jusqu'à l'évaporation de tout le bouillon.
5. Servez saupoudré de persil ciselé. Salez et poivrez.

Green pancakes

Vous connaissez les pancakes sucrés, mais des pancakes salés, ça vous tente ? Avec leur belle couleur verte et leur goût exquis, il vous sera facile de faire manger des épinards à n'importe qui ! Servez-les en bonne compagnie !

Pour 4 personnes

1 échalote
3 c. à c. de sésame blond
150 g de farine
½ sachet de levure chimique
30 ml d'huile d'olive
350 ml de boisson de soja
1 bonne pincée de sel
½ c. à café de cumin moulu
1 pointe de piment d'Espelette
1 c. à c. rase de miel d'acacia
30 g d'épinards frais
5 brins de ciboulette
Huile pour graisser

1. Chauffez un filet d'huile dans une poêle (si elle n'est pas antiadhésive) et faites revenir l'échalote hachée avec le sésame blond pendant 3 minutes.
2. Transvasez dans un saladier. Ajoutez la farine, la levure, l'huile, la boisson de soja, le sel, le cumin et le piment et mélangez jusqu'à obtenir une page lisse et homogène. Ajoutez alors le miel, les épinards finement hachés et la ciboulette hachée. Mélangez le tout.
3. Dans une poêle, faites chauffer un filet d'huile et lorsqu'elle est bien chaude, versez votre préparation pour former plusieurs pancakes (environ 50 ml pour un pancake).
4. Lorsque des bulles apparaissent, retournez les pancakes et éteignez le feu pour laisser cuire le verso jusqu'à ce qu'il soit bien doré.

Poêlée de légumes anciens

Des navets, carottes et pommes de terre ? Remettons-les au goût du jour en en faisant une poêlée enrobée de curcuma et de boisson d'amande. Un plat familial pour inventer un futur aux légumes de nos grands-parents.

Pour 4 personnes

300 g de navets
300 g de carottes
300 g de pommes de terre
1 filet d'huile d'olive
2 à 3 louches de bouillon de légumes
1 c. à c. de curcuma
3 c. à s. de vinaigre balsamique
150 ml de boisson d'amande
1 c. à s. de ketchup bio
1 brin de thym frais
1 brin de romarin frais (et quelques fleurs de romarin si c'est la saison)
Sel et poivre

1. Pelez et découpez en petits cubes les navets, carottes et pommes de terre.
2. Faites-les revenir dans une poêle avec un filet d'huile d'olive pendant 2 minutes. Ajoutez 2 louches de bouillon de légumes et saupoudrez de curcuma. Laissez mijoter environ 30 minutes, jusqu'à ce que le bouillon se soit évaporé et que les légumes soient tendres (vérifiez la cuisson avec la pointe du couteau). Si les légumes ne sont pas cuits à l'évaporation du bouillon, rajoutez une louche de bouillon.
3. Puis déglacez le tout avec le vinaigre balsamique ; remuez pour bien enrober les légumes et les faire rôtir.
4. Lorsque le balsamique s'est caramélisé, déglacez cette fois avec la boisson d'amande.
5. Ajoutez le ketchup et les herbes fraîchement hachées. Salez et poivrez après avoir goûté et retiré du feu.

Mon conseil : servez avec une cuillerée à café de purée d'amandes blanches et une cuillerée à café de miel de châtaigne en guise de condiments !

Polenta aux cèpes

Que vous cueilliez ou achetiez des cèpes, le plaisir de les déguster sera complet ! Parfumée au vin blanc, oignons nouveaux et muscade, cette polenta vous étonnera à coup sûr !

Pour 4 personnes

1,5 l de bouillon de légumes
300 g de polenta
2 c. à s. d'huile d'olive
1 brin de romarin
Noix de muscade (selon votre goût)
250 ml (1 brique) de crème de noix de cajou
4 oignons nouveaux
6 abricots secs
200 g de cèpes
75 ml de vin blanc
Quelques fleurs de romarin
Sel et poivre

1. Portez le bouillon à ébullition dans une casserole. Versez la polenta et laissez mijoter à feu doux, en remuant sans cesse pendant 5 minutes.
2. Lorsqu'il n'y a plus d'eau, retirez la polenta du feu et ajoutez l'huile d'olive, le brin de romarin, du sel et du poivre et la muscade. Ajoutez 2 cuillerées à soupe de crème de noix de cajou pour obtenir une polenta onctueuse.
3. Dans une poêle antiadhésive (sinon, faites chauffer un filet d'huile d'olive), faites revenir les oignons, les abricots secs coupés en lamelles et les cèpes jusqu'à ce qu'ils rendent leur eau et que celle-ci soit évaporée.
4. Ajoutez le vin et laissez cuire jusqu'à son évaporation. Rajoutez 2 nouvelles cuillerées à soupe de crème de noix de cajou.
5. Dressez la polenta dans des assiettes et versez la sauce obtenue dessus. Enfin, salez et poivrez et saupoudrez de fleurs de romarin.

Steak végétal

Le fameux veg burger (burger végétarien) peut se décliner à souhait, mais voici la recette que je préfère ! Accompagnez de pâtes, ou servez en sandwich entre deux tranches de pain toasté avec une feuille de salade et de bonnes sauces !

Pour 4 personnes

1 oignon rouge
1 poivron rouge
1 petit poireau
1 verre de vin blanc
2 carottes
300 g de pois chiches en conserve
100 g de haricots rouges (en conserve)
1 c. à s. de purée d'amandes blanches
1 c. à s. de concentré de tomate
1 c. à c. de cumin
1 c. à c. de curry
100 g de noisettes
1 c. à s. de thym frais
1 c. à s. de ciboulette fraîche
1 œuf bio
1 c. à s. de farine de riz (facultatif)
4 c. à s. d'huile d'olive
Sel et poivre

1. Dans une poêle, faites revenir pendant 2 minutes dans un filet d'huile d'olive l'oignon haché et le poivron.
2. Ajoutez le poireau entier, blanc et vert hachés, et le vin blanc. Laissez mijoter quelques minutes, jusqu'à ce que le poireau soit tendre et que le vin se soit évaporé.
3. Râpez les carottes et ajoutez-les ; remuez le tout pendant 2 minutes sur feu doux.
4. Au mixeur, broyez les pois chiches, les haricots rouges, la purée d'amandes, le concentré de tomates et les épices.
5. Ajoutez le mélange obtenu à la préparation dans la poêle et transvasez le tout dans un saladier.
6. Ajoutez les noisettes concassées, le thym et la ciboulette hachés et l'œuf entier.
7. Salez et poivrez à votre goût. Remuez. Si la pâte est un peu sèche, ajustez avec de l'eau, si elle est trop liquide avec une cuillerée à soupe de farine de riz.
8. Formez 6 ou 7 galettes avec vos mains et laissez-les reposer au réfrigérateur pendant 2 heures.
9. Dans une poêle bien chaude, faites dorer les galettes 2 minutes de chaque côté après les avoir badigeonnées d'huile d'olive et en les retournant délicatement.

Finir sur une touche sucrée

Chocolate healthy cookies

J'adore cette recette où la banane mûre remplace le sucre, la purée d'amandes les œufs et les pois chiches remplacent la farine de blé. C'est la recette parfaite pour les personnes qui ont des intolérances au gluten ! Découvrez ces nouvelles associations pour de nouvelles pâtisseries, où le plaisir rime avec la santé.

Pour environ 12 petits cookies

125 g de pois chiches cuits (en bocal)
1 banane bien mûre
30 g de purée d'amandes blanches
1 c. à c. d'extrait de vanille
1 c. à s. d'huile de tournesol
20 g de cerneaux de noix
25 g de chocolat noir
(60 % de cacao au minimum)

1. Préchauffez le four à 180 °C.
2. Égouttez les pois chiches et rincez-les à l'eau claire.
3. Mixez les pois chiches, la banane préalablement épluchée, la purée d'amandes, la vanille et l'huile.
4. Lorsque la pâte est bien lisse et homogène, mettez-la dans un saladier pour pouvoir la travailler. Si elle est un peu sèche, ajoutez de l'eau tiède et remixez.
5. Concassez les noix et le chocolat en pépites, ni trop grandes ni trop petites pour pouvoir les retrouver entières après la cuisson.
6. À l'aide d'une cuillère à soupe, formez vos cookies : prenez l'équivalent d'une cuillerée dans la paume de la main et formez une boule ; déposez-la sur une plaque recouverte de papier cuisson.
7. Insérez les pépites de chocolat et de noix, et appuyez avec la paume de la main pour aplatir le cookie. Une fois les cookies façonnés, enfournez 20 minutes.

Mon conseil : dégustez-les tièdes, c'est encore meilleur !

Brownie aux noix du monde

Dans cette recette, le tofu soyeux apporte une texture incomparable à la fameuse recette du brownie. Résultat : des petits carrés de plaisir faibles en calories et riches en protéines. Ou comment faire du bien à notre ligne et à notre moral en même temps !

Pour 8 personnes

350 g de tofu soyeux
255 g de farine (moitié farine de blé, moitié Maïzena)
150 ml de boisson d'amande
250 g de chocolat noir à dessert
2 c. à c. d'extrait de vanille
1 c. à c. bombée d'huile de coco (et plus pour graisser)
2 c. à c. de levure chimique
3 grosses poignées de noix fraîchement ouvertes (leur goût corsé sera plus présent)
2 bananes très mûres
2 c. à s. de noix de coco râpée

1. Préchauffez le four à 180 °C.
2. Mixez le tofu, 100 g de farine et la boisson d'amande jusqu'à obtenir une pâte lisse.
3. Transférez la préparation dans une casserole et remuez sur feu doux jusqu'à ce que la préparation épaississe.
4. Incorporez alors le chocolat coupé en petits morceaux, la vanille et l'huile de coco. Lorsque le chocolat est fondu, retirez du feu et laissez reposer 1 heure.
5. Ajoutez ensuite le reste de farine, la levure, les cerneaux de noix et les bananes détaillées en morceaux. Mélangez bien et versez la préparation dans un moule légèrement graissé. Saupoudrez de noix de coco râpée et enfournez 30 minutes environ.

Salade d'oranges

Cette recette, c'est ma belle-maman qui me l'a fait découvrir ! Notes suaves et épicées avec le miel de châtaigne, la fleur d'oranger et la cannelle : ce dessert traditionnel oriental est juste parfait après un repas copieux, sa fraîcheur et son parfum sont magiques !

Pour 4 personnes

4 oranges bien juteuses bio
3 oranges sanguines bio
2 c. à s. d'eau de fleurs d'oranger
2 c. à c. de cannelle
1 c. à c. de miel de châtaigne

1. Pelez vos oranges à vif, veillez à bien enlever les parties blanches, puis découpez vos oranges en tranches ni trop fines (ce n'est pas un carpaccio) ni trop épaisses.
2. Placez-les dans un saladier et ajoutez l'eau de fleur d'oranger, la cannelle et le miel. Mélangez délicatement et laissez mariner pendant 2 heures au réfrigérateur.
3. Juste avant de servir, sortez le saladier du réfrigérateur et disposez les tranches d'orange en rosace sur un plat. Nappez du jus présent dans votre saladier.

Mon conseil : servez très frais, avec une boule de glace à la vanille pour finir en légèreté un repas copieux !

Pâte à tartiner au chocolat zéro complexe

Dans mes folles inventions, et toujours à la recherche de plus de goûts malins (entendez plaisirs sans prise de poids !), j'ai un jour testé de mélanger des pois chiches et du chocolat à force d'en entendre parler dans les desserts sans gluten et véganes. J'ai mixé le tout… Merveille ! Depuis, j'ai ajusté la recette et voici ma trouvaille rien que pour vous !

Pour un pot de confiture

200 g de pois chiches
(à cuire la veille ou en conserve)
½ tablette de chocolat noir à dessert
1 c. à c. de purée d'amandes ou
beurre de cacahuètes
½ c. à c. d'huile de coco
Cannelle (selon votre goût)
1 c. à c. de sirop d'érable
1 c. à c. d'extrait de vanille
3 c. à s. d'eau

1. Rincez les pois chiches à l'eau claire.
2. Dans une casserole, faites fondre le chocolat dans 3 cuillerées à soupe d'eau. Puis mélangez le tout avec les autres ingrédients, au mixeur si vous voulez obtenir une pâte lisse, à la fourchette si vous souhaitez une pâte à tartiner plus charnue.
3. À déguster sur une tartine, dans du lait chaud, dans un dessert végétal…

Gâteau aux haricots blancs, myrtilles et framboises

Un gâteau à base de haricots blancs ? Oui, et c'est délicieux, gourmand et vraiment révolutionnaire ! À déguster (presque) sans modération !

Pour 4 personnes

270 g de haricots blancs (en bocal)
50 g d'huile de coco
(et plus pour graisser)
80 g de sucre de coco
2 c. à s. de graines de lin
1 c. à c. d'extrait de vanille
60 g de farine
50 g de noisettes en poudre
1 sachet de levure chimique
60 g de pépites de chocolat
(ou de chocolat concassé au couteau)
60 g de myrtilles fraîches
(ou décongelées la veille et égouttées)
60 g de framboises fraîches
(ou décongelées la veille et égouttées)
1 c. à s. de noix de coco râpée

1. Préchauffez votre four à 180 °C.
2. Mixez les haricots rincés à l'eau claire et égouttés avec l'huile de coco, le sucre de coco, les graines de lin et la vanille jusqu'à obtenir une préparation bien homogène.
3. Ajoutez la farine, la poudre de noisettes et la levure et mixez à nouveau pour mélanger le tout.
4. Ajoutez les pépites de chocolat et remuez à la cuillère délicatement.
5. Versez la pâte dans un moule carré graissé.
6. Ajoutez les myrtilles et les framboises et enfoncez-les délicatement dans la pâte. Saupoudrez de noix de coco avant d'enfourner environ 25 minutes.

Boissons bien-être

Citronnade à la fleur d'oranger

Parfaite pour se rafraîchir un dimanche ensoleillé !

Pour 2 verres

4 citrons jaunes bio
1 l d'eau fraîche
6 c. à s. de sucre roux
1 c. à s. d'eau de fleurs d'oranger
5 glaçons

1. Lavez bien les citrons.
2. Mixez-les en gardant leur peau avec l'eau fraîche.
3. Passez le tout au tamis et remixez l'eau citronnée avec le sucre, la fleur d'oranger et les glaçons.

Smoothie à la betterave, framboises et coco

Ce smoothie rose et onctueux vous fera faire le plein de vitamines !

Pour 2 verres

1 betterave cuite pelée
100 g de framboises (fraîches ou surgelées)
1 banane
20 cl de lait de coco
3 glaçons

1. Mixez le tout.

Smoothie au gingembre et à l'ortie

Boostez vos défenses immunitaires avec ce smoothie riche en chlorophylle et protéines !

Pour 2 verres

- 1 bouquet de jeunes orties fraîchement cueillies (60 g)
- 1 banane
- 1 pomme
- 1 poire bien mûre
- 33 cl de boisson de riz
- 1 petit morceau de gingembre fraîchement pelé
- 5 glaçons

1. Munie de gants, lavez à grande eau vos orties dans une grande bassine ou votre évier. L'ortie attendrie ne pique plus.
2. Pelez et coupez en morceaux grossiers la banane, la pomme et la poire.
3. Mixez-les avec la boisson de riz.
4. Ajoutez les orties et le gingembre jusqu'à ce que le smoothie soit bien crémeux.
5. Ajoutez les glaçons et mixez une dernière fois avant de déguster.

Smoothie à la mangue, lin et cardamome

Et si on voyageait ensemble ? Avec ce mélange de fruits et d'épices, vous voilà transportés en Inde !

Pour 2 verres

- 2 mangues bien mûres
- 2 c. à s. de graines de lin
- 80 g de préparation végétale au soja nature
- 40 cl de boisson de riz
- 1 c. à c. de cardamome
- 2 glaçons

1. Épluchez les mangues et retirez le noyau.
2. Mixez la chair coupée en petits cubes avec les graines de lin, la préparation de soja, la boisson de riz et la cardamome.
3. Lorsque la préparation est bien lisse, ajoutez les glaçons et mixez une dernière fois.

Smoothie amande, banane, dattes et rose

Eau de rose et dattes, voici l'élixir pour vous transformer en prince et princesse des mille et une nuits.

Pour 2 verres

- 50 cl de boisson d'amande
- 1 banane
- 5 dattes
- 1 belle poignée de framboises (fraîches ou surgelées)
- 1 c. à s. d'eau de rose

1. Mixez le tout.

Kéfir de fruits

Une boisson fermentée pétillante, riche en probiotiques qui renforcent votre système immunitaire !

Pour 1 litre

1 l d'eau froide (si possible de source ou filtrée)
40 g de sucre de coco
1 pincée de sel marin
4 c. à s. de graines de kéfir (amas de bactéries et levures)
2 fruits secs bio (dattes, figues, pruneaux)

1. Versez l'eau dans un bocal ou une carafe en verre. Ajoutez le sucre et le sel. Remuez doucement pour les dissoudre. Rajoutez les graines de kéfir et les fruits secs.
2. Fermez en couvrant avec un tissu propre (mousseline pour laisser passer un peu d'air) tenu par un élastique et laissez fermenter à température ambiante et à l'abri de la lumière entre 24 et 48 heures : le kéfir est prêt quand les fruits remontent à la surface. Retirez-les et filtrez l'eau.
3. Récupérez les graines, rincez-les et gardez-les pour un prochain kéfir dans un bocal hermétique au réfrigérateur, avec un peu d'eau et de sucre. Votre boisson se garde au réfrigérateur 3 jours.

Mon conseil : vous pouvez ajouter quelques tranches de citron ou d'orange bio lavés ou encore de la menthe.

Et si on mettait notre organisme au repos ?

Toujours en quête de mieux-être, je me suis intéressée au jeûne. C'est une pratique qui consiste à ne pas manger pendant une période (de 12 heures à plusieurs jours) pour permettre au corps de se reposer et de se régénérer en lui laissant le temps de faire un grand nettoyage. Le corps, non alimenté par l'apport extérieur d'aliments, prend son énergie en puisant dans les stocks de graisse. Prescrit en Allemagne et dans les pays nordiques, en France, le jeûne fait ses preuves pour un mieux-être physique et psychologique.

Coup de mou, excès, anxiété, surpoids… Et si le jeûne vous permettait un nouveau départ ?

Jeûner, une bonne idée ?

J'ai beaucoup lu sur le sujet, et les résultats du jeûne sont assez extraordinaires. Sa pratique est d'ailleurs prescrite dans de nombreux pays, quelques jours pour des maux de gorge ou une maladie bégnine, 15 ou 21 jours pour une maladie grave. En France, le jeûne fait encore peur au grand public et les médecins généralistes ne le prescrivent pas alors que c'est une technique naturelle qui a porté ses fruits (d'ailleurs, les animaux jeûnent lorsqu'ils ne se sentent pas bien). Dans notre culture, c'est l'inverse, nous avons tendance à manger un peu lorsque nous ne nous sentons pas bien. J'ai visionné un reportage incroyable sur le jeûne, notamment sur des expériences faites sur des souris atteintes d'un cancer et qui étaient soumises à des doses mortelles de chimiothérapie. Les souris qui avaient eu une alimentation normale avant, pendant et après cette dose mortelle de chimio sont mortes ; celles au contraire qui avaient jeûné, c'est-à-dire qui avaient uniquement bu de l'eau un certain nombre de jours avant, pendant et après, ont supporté la dose[5]. Des essais cliniques sont en cours.

5. www.lemonde.fr/planete/article/2012/02/08/le-jeune-nouvelle-arme-de-lutte-contre-le-cancer_1640662_3244.html et www.planetesante.ch/Magazine/Cancer/Traitement-anticancer/Liaisons-dangereuses-entre-jeune-et-cancer

Notre alimentation est en effet riche en sucres lents, rapides, cachés, bref, riche tout court ! Un certain nombre de publications montrent un effet bénéfique de la restriction calorique, qui apporte moins à manger aux cellules cancéreuses. Voilà pourquoi en période de jeûne ces cellules n'ayant plus rien à manger meurent. Et qu'en est-il pour les cellules saines ? Le corps est bien fait, il cherche toujours à s'autoguérir en se renouvelant, pour peu que nous lui laissions le temps de le faire. Or, notre corps dépense beaucoup d'énergie à digérer les nutriments afin qu'ils soient assimilables par l'organisme. La digestion, dont la durée est extrêmement variable, prend de toute façon plusieurs heures, certains disent 24 heures ! La nuit, le corps peut concentrer l'essentiel de son énergie à son renouvellement et au recyclage des déchets, mais ce temps de recyclage est interrompu par le petit déjeuner. C'est comme si le centre de tri était un peu dépassé. En période de jeûne, le corps étant moins accaparé par la digestion, il a davantage de temps pour traiter les déchets.

Jeûner, c'est faire confiance à son corps et lui permettre un travail de purification et de grand nettoyage.

Le jeûne, pour tout le monde ?

Bien évidemment, la femme enceinte et les enfants ne doivent pas jeûner, mais même les personnes minces (à l'exception des personnes anorexiques ou qui ont des troubles du comportement alimentaire) peuvent jeûner puisque le corps n'évacuera que le strict nécessaire de graisse et de toxines. Les seniors peuvent jeûner : les études montrent qu'avec l'âge, il est profitable de jeûner car la digestion est plus difficile et les toxines ou les maladies peuvent davantage s'accumuler dans le corps. Le jeûne permettrait même de « rajeunir ».

Le jeûne intermittent

Il est conseillé de ne pas se lancer directement dans un « vrai » jeune mais de commencer par un jeûne intermittent : il s'agit de jeûner 16 heures consécutives (on saute le petit déjeuner, par exemple) de façon à laisser au corps un temps plus long pour se « refaire » : le dernier repas de la journée se consomme ainsi avant 20 heures ; le suivant est celui du lendemain midi, avec éventuellement une collation à 16 heures.

Le jeûne de plusieurs jours

Pour ceux qui souhaitent se nettoyer plus en profondeur, un jeûne plus long sera nécessaire.

J'ai fait mon premier jeûne chez moi, avec mes parents, qui mangeaient normalement, et mes amis, qui voulaient que nous allions au restaurant. Les conditions n'étaient pas faciles. J'ai tenu quatre jours. Pour la deuxième fois, je me suis inscrite dans une retraite où je séjournais dans un chalet en forêt. Là, entourée de gens qui jeûnaient comme moi, l'expérience a été fantastique ! Il faut essayer pour se faire sa propre opinion.

Écoutez votre corps

Dormir lorsque vous vous sentez fatigué, manger uniquement lorsque vous avez vraiment faim, et tant pis si vous ne prenez pas de petit déjeuner. Ressentir son corps est bien plus important que de suivre un rythme dicté par l'extérieur. Votre corps fera toujours en sorte de vous rééquilibrer naturellement, son pouvoir de régénération est puissant, alors faites-lui confiance.

Le jeûne n'est pas un régime pour perdre des kilos !

Attention, rien ne sert de jeûner pour perdre du poids, puisque la perte de poids d'environ un kilo par jour se reprend presque intégralement lors de la reprise alimentaire.

Gérer la sensation de faim

Si avez décidé de jeûner pendant deux jours, et de manger juste une petite pomme ou de boire un jus de fruits, vous allez casser le cycle du jeûne. Manger 3 pommes en deux jours serait même dangereux puisque le corps va se remettre en mode « alimentation normale venant de l'extérieur », mais comme cette alimentation serait en trop petite quantité, elle va créer des carences, une dénutrition et le corps va stocker le moindre apport calorique.

En revanche, si vous êtes en mode « jeûne », c'est-à-dire que vous buvez uniquement de l'eau, des infusions sans sucre, pas de café ni de thé, et que vous ne mangez aucun aliment pendant trois jours, à l'issue de ces trois jours a lieu un miracle : le corps comprend qu'il n'est plus en « alimentation normale venant de l'extérieur », il se nourrit donc « de l'intérieur » en consommant les excédents récents (graisses), puis, au fur et à mesure des jours suivants, les graisses plus vieilles, bien installées, *a priori* indélogeables. Le corps se débarrasse aussi des cellules endommagées ou trop vieilles, et évacue les intrus, comme les cellules malades ou déficientes. Le troisième ou quatrième jour, il fait une crise d'acidose, de détoxication, qui se traduit par des nausées, des faiblesses, des migraines ou de la fièvre (les symptômes diffèrent selon les personnes). Surtout, ne cassez pas vos efforts en remangeant à ce moment-là, puisque c'est là que le grand recyclage commence et, avec lui, qu'apparaissent les bénéfices pour votre corps, notamment la régénération du système immunitaire : « affamer » le corps pendant 72 heures inciterait les cellules souches à produire de nouveaux globules blancs[6].

---

6. Selon la découverte faite par des chercheurs de l'université de Caroline du Sud, dont le professeur Valter Longo, en mars 2018. https://www.v.org/2012/valter-d-longo-ph-d-tanya-b-dorff-m-d-and-david-i-quinn-mbbs-ph-d-fracp/

Le corps est en pleine autonomie et la sensation de faim que vous pouvez ressentir est dans votre tête et non en lui. Elle n'est pas toujours facile à gérer, voilà pourquoi il est préférable de jeûner en groupe, et surtout encadré de professionnels du jeûne, qui vous proposeront des activités (méditation, yoga ou encore promenades en forêt). Débranchez la télévision où les références à la nourriture sont légion (on s'en rend vite compte lorsque l'on jeûne !).

Après ces trois jours, vous vous sentirez bien et léger, vous aurez les idées plus claires, le blanc de l'œil plus blanc, la peau plus lumineuse. Il est important d'avoir une bonne hygiène pendant le jeûne ; le corps se débarrasse des déchets, il est donc possible que votre transpiration, vos urines et votre haleine sentent plus fort.

Le bénéfice du jeûne est si incroyable que chaque personne qui en fait un a envie de recommencer. Personnellement, je trouve que jeûner deux fois par an est idéal, de préférence pendant les intersaisons où il ne fait ni trop chaud ni trop froid. Le temps du jeûne doit être un temps pour vous, hors de votre quotidien. Difficile de s'occuper de vos enfants ou d'aller au travail tout en jeûnant : c'est une réelle cure du corps et de l'esprit.

Prévoyez une séance de sport quotidienne pour préserver vos muscles et du temps pour la réflexion qui viendra naturellement à vous.

Préparer le avant/après jeûne

- **Avant** de commencer le jeûne, il faut faire une « descente alimentaire » aussi longue que le temps que vous prévoyez de jeûner : si vous jeûnez 4 jours, vous entamerez la descente 4 jours avant, c'est-à-dire que vous enlèverez petit à petit de votre alimentation les aliments les plus riches et les plus difficiles à digérer (viande rouge, graisses, fritures, etc.) jusqu'à arriver aux plus faciles à digérer (fruits et légumes cuits) jusqu'à la suppression totale d'aliments.

- **La reprise alimentaire** débute sitôt le jeûne fini, mais se fait de façon progressive sur 4 jours ; vous consommerez d'abord les aliments les plus faciles à digérer en incorporant chaque jour des aliments plus riches.

Exemple de reprise :

- jours 1 et 2 : fruits et légumes crus et cuits *al dente* ;

- jour 3 : légumes, fruits, céréales (de préférence sans gluten, riz, quinoa, millet, sarrasin, petit épeautre), fruits à coque (amandes, noisettes, noix de cajou) et graines broyées (tournesol, courge, lin) ;

- jour 4 : fruits, légumes, céréales, graines et protéines végétales (pois chiches, lentilles, haricots rouges, tofu, champignons, chanvre) et produits animal (œufs, produits laitiers de chèvre ou de brebis) ;

- jours 5 et 6 : possibilité de réintroduire des fruits de mer et des viandes maigres si vous le souhaitez sans dépasser 2 à 3 fois par semaine.

- Après un jeûne, **pour en préserver le bénéfice**, diminuez au maximum l'alcool, le sucre blanc, la farine blanche, la viande rouge, le tabac, les produits laitiers de vache et les excitants tels que le café ou certains médicaments.

La monodiète

Il s'agit de manger un seul aliment, à volonté et si possible sous la même forme lors d'un ou plusieurs repas d'affilée : par exemple, compote de pommes maison, soupe ou bouillon, pommes de terre cuites à l'eau. Votre corps mettra moins de temps à digérer et en aura ainsi davantage pour se régénérer. Buvez des tisanes qui accompagneront le travail d'élimination (chardon-Marie, bouleau, bardane, pissenlit, artichaut, etc.).

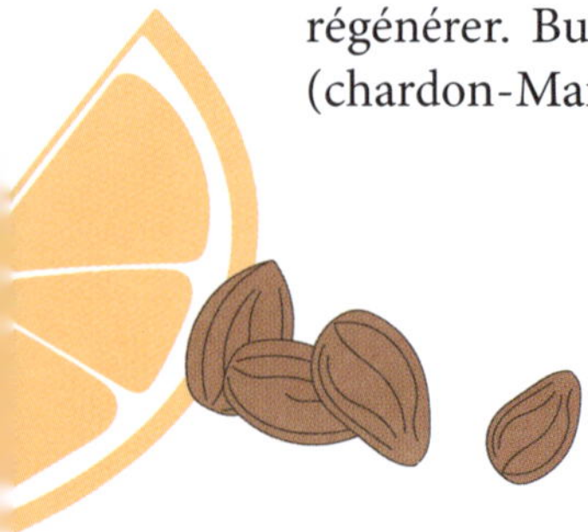

Votre moi profond, le plus beau des joyaux

Maintenant que vous avez un corps tout beau, tout neuf et que vous avez mis en place de nouvelles habitudes alimentaires, passons à votre esprit ! Il nous arrive souvent d'avoir des hauts et des bas, d'avoir du mal à nous trouver, de perdre du temps à chercher on ne sait pas trop quoi… Vous trouverez ici des clés pour amorcer un vrai changement, le plus beau puisqu'il vous permettra d'être enfin vous. C'est la dernière étape de notre voyage. La plus éprouvante, mais aussi la plus belle.

Laissez-moi vous prendre la main pour vous guider vers le plus beau des soleils, la personne que vous êtes profondément et sincèrement.

Accepter le changement

En tant qu'auteur de votre propre vie, et si vous écriviez un nouveau chapitre ?

L'actuel n'a pas besoin de vous déplaire pour en changer, il suffit qu'il ait assez duré et qu'il ne vous convienne plus… peut-être sentez-vous votre âme vous appeler ailleurs ?

Chacun des chapitres de notre vie a un début mystérieux, des intrigues et une fin, qu'elle soit en *happy end* ou en queue de poisson. Laissez place à l'imagination pour écrire votre prochain chapitre de vie, afin qu'il soit encore plus en adéquation avec vous-même. Parfois, le nouveau chapitre change les intervenants, les lieux, pour raconter l'histoire de VOTRE vie. Peu importe l'intrigue de votre vie, l'essentiel est d'en être le personnage le plus lumineux et de le rester, au fur et à mesure de l'histoire. Certaines évolutions seront fluides, d'autres demanderont des retours en arrière, d'autres un nouveau départ, un recommencement.

La vie est ainsi faite de cycles qui font évoluer notre corps, nos apprentissages, nos centres d'intérêt, nos amitiés et nos amours. Vouloir empêcher les changements est voué à l'échec. Le symbole du changement, de l'évolution, c'est le papillon. Combien d'étapes, de transformations physiques profondes, complexes, doit-il franchir pour passer d'une chenille à un merveilleux papillon ? Il s'est alors métamorphosé entièrement, profondément. Son essence a changé, il n'est plus rampant, dorénavant, il vole. Il ne mange plus de feuilles, il butine les fleurs. Il n'est plus long et poilu, il est aérien et léger, et le regard des autres sur lui a changé.

Pour sortir de sa chrysalide, pour que la chenille devienne papillon, il est nécessaire d'accepter de changer.

Et lorsque nous souhaitons ce changement, c'est que notre vie ne nous convient plus telle qu'elle est. Peut-être votre corps vous a-t-il déjà envoyé des signaux, des maux ou des maladies qui traduisent un mal-être ?

Or, il n'est pas possible de se soigner et de guérir dans l'environnement même qui a causé ces maux.

Pour changer de vie, il est indispensable de remanier ses habitudes, de modifier son quotidien, de faire le tri autour de soi. Il faut aussi accepter que l'évolution se fasse par strate et étapes. Changer pour soi, quitte à déstabiliser son entourage, attiser la curiosité et susciter l'incompréhension.

À la recherche du bonheur

Beaucoup d'entre nous courent après le bonheur comme s'il était devant nous, mais toujours un peu trop loin. On pense le trouver en consommant encore plus (un vêtement, un objet nouveau). Par la possession, on croit toucher du doigt ce bonheur tant convoité.

Le bonheur est un état d'être accessible à tous dès à présent.

Enfant, j'ai demandé à maman pourquoi Dalida s'était suicidée puisqu'elle semblait avoir tout pour être heureuse : elle était belle, riche et aimée. Ma mère m'a répondu qu'elle ne l'était peut-être pas tant que ça, et que l'argent ne fait pas le bonheur. « Avoir tout pour être heureux » ne rend pas nécessairement heureux ? La définition même du mot « bonheur » varie selon les personnes : en d'autres termes, la définition même du bonheur, et de son état, varie selon les personnes : carrière réussie, argent à foison, succès, fêtes, ivresse, amours multiples, ce ne sont que des joies éphémères. Le bonheur lui ne se cherche pas à l'extérieur, nous avons tous en nous-même le moyen d'être heureux et de trouver ce trésor immatériel et précieux. Beaucoup d'entre nous sont heureux… sans le savoir ou sans savoir pourquoi !

N'attendez pas de tout avoir pour profiter de la vie,
vous avez déjà la vie pour profiter de tout !

Être ou avoir ?

Et si l'on s'interrogeait sur qui nous sommes vraiment et sur ce qui nous rend heureux ?

D'emblée, les réponses qui vont vous venir seront des choses qui, de manière éphémère, vous apporteront de la joie, mais pas du bonheur. La différence entre les deux ? Voici mes définitions personnelles : la joie, c'est d'avoir, de consommer, c'est posséder ; le bonheur, c'est être soi, savoir qui l'on est.

Rappelez-vous vos cours de français et en particulier de grammaire. Les auxiliaires, ça vous dit quelque chose ? Le participe passé s'accorde toujours avec son sujet quand l'auxiliaire ÊTRE s'accorde toujours en genre et en nombre. Mais quand il est employé avec l'auxiliaire AVOIR ne s'accorde pas (enfin, sauf si le complément d'objet direct est placé avant le verbe).

Avoir, posséder, c'est un plaisir qui n'a d'autre but que lui-même. Être, en revanche, rend heureux ; être rayonne et impacte l'autre, être accorde à son sujet le pouvoir de jouer sa plus belle musique !

La clé de notre bonheur, réside dans notre façon d'être NOUS, parfaitement accordés à qui nous sommes réellement, sans fioriture ni jeux d'ego (gare au pronom « je » !). Pour être heureux, il ne sert à rien d'étaler ses richesses aux autres ou de flatter son ego : magnifier le « je » est un plaisir éclair qui laisse vite place à un vide d'autant plus âpre que les flatteries, les sollicitations ou la richesse matérielle ne sont plus au rendez-vous.

Et si nous prenions plus de temps pour ÊTRE et non pas pour AVOIR ?

Pour être heureux,
il faut être en quête de connaissance de soi
et non de reconnaissance des autres.

La quête de sens de la vie conduit au bonheur, c'est une mission à réaliser pour le salut de son âme.

Être heureux, c'est aussi se respecter,
faire équipe avec son corps et son âme,
être heureux c'est avoir conscience de sa propre utilité.

Quel que soit l'âge que vous avez, apprenez des choses, nourrissez, étoffez, illuminez l'équipe que vous formez avec votre âme.

Soyez patient et conciliant avec vous-même, ne vous mettez pas de pression contre-productive. Nous cultivons très souvent l'art de nous compliquer la vie au lieu d'accepter la facilité des choses.

lorsque la tête est ordonnée, le cœur ouvert
et que les deux sont connectés à l'âme, tout coule de source.
Le bonheur est là, disponible, prêt à être vécu et partagé.

Devoir faire ou faire des choix ?

La question, la voici : sommes-nous vraiment libres de faire ce que nous voulons ?

Nous connaissons tous la citation : « Ma liberté s'arrête là où commence la liberté de l'autre. » Encore faut-il pour connaître les limites de la liberté que chacun accepte que sa liberté en soi lui est propre et vaille la peine d'être vécue.

La liberté comme le bonheur ne sont pas à chercher à l'extérieur, mais bien en soi. Voler dans un magasin, ne pas payer nos impôts ou rouler aussi vite que nous en avons envie est illusoire quant à notre liberté. Nous avons outrepassé les règles mais nous ne sommes pas libres pour autant. Ne confondons pas les règles imposées par l'extérieur, posées par la société,

et notre liberté intérieure à laquelle nous avons accès, mais que peu d'entre nous utilisent pleinement. Pourtant, nous sommes LIBRES DE PENSER, **notre vie est faite de choix dont nous sommes seuls responsables**. Ainsi, la personne à qui vous devez demander conseil avant de vous décider en pleine conscience est **vous-même**. Votre entourage profitera des répercussions lumineuses des choix que vous avez faits pour votre bien.

- Utilisez aussi souvent que possible les mots « je choisis » et non « je dois ».

- À la maison, dans votre quotidien, au sein de votre famille, choisissez votre façon de penser, de concevoir, vos priorités. Comme disent les anciens, la seule chose que l'on DOIT, c'est mourir. Et je pense sincèrement que cette date est aussi choisie « en âme et conscience », comme si c'était écrit. Notre âme bien plus âgée, mature et sage que nous. Elle autorise notre incarnation dans cette vie terrestre, puis dans une autre, pour nous faire vivre, réaliser et faire réaliser un certain nombre de choses. Nous devenons chaque fois un peu plus nous-mêmes.

Rencontrer son âme

Notre âme, cette sage

Nous trouvons toujours de bonnes excuses pour ne pas travailler à la construction du soi. Le soi, c'est pourtant l'approche la plus parfaite pour rejoindre notre identité profonde, sans fards sociétaux ou matériels. La procrastination (tout remettre au lendemain) ou le manque d'intérêt, de connaissance, pour notre « soi », impalpable, nous empêche de vivre avec un grand V, la lumière et d'honorer notre place sur terre. Cette place et notre enveloppe physique ont été choisies par notre âme, présente bien avant notre naissance. Notre « moi » minuscule est représenté par notre corps, palpable et visible aux yeux de tous. Seules les personnes éveillées et sensibles acceptent la présence de leur « Moi » majuscule, celui connecté à leur âme, le plus vrai, le plus authentique et le plus divin. Elles arrivent ainsi à entendre leur âme et à communiquer avec celles des autres, même sans parler.

Écoutez votre intuition, elle est votre guide !

La connaissance de soi, c'est-à-dire de notre âme, est garante de notre identité réelle, bien au-delà du « je » physique. Il existe une puissance encore au-dessus de toutes ces âmes. C'est un complexe d'énergies, de connaissances, de lumière et d'amour universel. Pour parler prosaïquement, c'est un peu comme le buffet des âmes, là où elles puisent les informations qui nous sont destinées. Toutes les réponses sont là. Il ne s'agit pas seulement de regarder le ciel mais d'être à l'écoute de soi, en écoutant son intuition, sa petite voix intérieure. Elle nous parle, nous guide, c'est notre âme qui s'exprime par des micropensées, des signes, nos ressentis. Libre à nous de leur accorder de l'importance, nous sommes après tout la seule personne responsable de notre vie, de notre manière de penser et de notre façon d'agir.

Intuition vs peur : qui laisserez-vous gagner ?

Il existe une autre petite voix qui nous empêche souvent d'agir : c'est la peur. Elle fait concurrence à notre intuition qui, elle, nous aiguille toujours sur le bon chemin, celui que l'univers nous prépare et qui nous aide à devenir qui nous sommes. Si nous ne suivons pas notre intuition, que nous préférons suivre le sens inverse, nous allons à la rencontre d'échecs, qui nous montreront que nous nous sommes trompés de voie. Ce n'est pas grave, l'univers nous propose rapidement une nouvelle occasion d'aller vers notre destin. Chaque jour, l'univers nous envoie un message, chaque jour nous pouvons écouter un peu plus notre âme, à travers notre cœur et notre intuition. Laissons un peu de côté la tête et la raison, guidées par les peurs et les blessures. Notre instinct est notre boussole en mer, notre tableau de bord pour éviter les rochers et les naufrages. Avec votre âme, vous formez une équipe, seule responsable de tout ce qui vous arrive : vous êtes libre de faire ce que vous voulez.

Souvent, nous dialoguons à cœur ouvert avec notre âme, l'écoutons avec cette formidable impression que tout marche impeccablement, que notre vie se déroule parfaitement, si facilement. Mais, parfois, la communication avec notre âme, *via* l'intuition, est brouillée. Nous arrivent des pensées telles que : « J'ai l'impression que le sort s'acharne sur moi » ; « Rien ne se déroule comme je l'avais prévu... », etc.

Il n'y a pas d'échecs, il y a seulement des ajustements pour faire naviguer son bateau de manière à ce que la croisière soit la plus plaisante possible pour nous et notre entourage, pour s'émerveiller, apprendre, transmettre.

L'intuition, réservée aux femmes ?

On parle souvent de l'intuition féminine, comme si la possibilité de dialoguer avec notre âme était réservée aux femmes. Écouter son cœur ne serait pas viril ? La virilité, ce serait d'avoir un caractère fonceur pour ne pas dire bulldozer ou, au contraire, d'agir uniquement après de savants calculs ? Mais pourquoi l'accès à la spiritualité est-il perçu comme fleur bleue ? Serait-ce parce qu'elle est trop impalpable pour les hommes ?

Imaginons la construction d'une maison. Elle se fait d'après des plans garantissant un bâtiment droit et stable, avec des matières palpables comme du ciment pour tenir dans le temps ; elle nécessite des bras, des hommes et des femmes pour déplacer cette matière et créer à partir d'elle. Il faut avoir préalablement bien choisi le terrain et son orientation afin qu'aucune nuisance terrestre, souterraine (failles, sources) ne vienne perturber la santé des personnes qui y vivront. Il faut aussi du cœur pour accueillir les personnes qui deviendront notre famille et avec qui l'on vivra de bons moments, en pleine santé.

Sans le cœur et sans le ressenti, la construction s'arrêtera au seul matériel, avec pour résultat une maison vide. Les pensées du cœur sont aussi importantes que celles de la tête, donnons-leur autant d'importance que celle que nous accordons, pour le moment, à celles qui nous viennent de l'extérieur.

L'intuition n'a donc pas de genre, elle va même au-delà de la race humaine. Elle est une fréquence que nous partageons avec les animaux. Comme une radio, elle nous permet de ressentir la présence des âmes qui nous entourent, qu'elles soient là physiquement ou non. Cette fréquence est aussi utilisée par la nature, ce qui explique pourquoi passer des moments en forêt ou auprès d'animaux aiguise notre perception intuitive.

Pour mieux nous connaître, autorisons-nous le plus souvent possible à laisser notre mental de côté pour permettre à notre cœur et notre âme de converser en toute quiétude sur cette fréquence qu'est notre intuition.

Je vous promets bien des réponses à vos questionnements. Car c'est grâce à notre intuition que nous devenons qui nous sommes et que nous ressentons qui est l'autre ! On passe tellement de temps à tout faire pour que le matériel présent dans notre vie (téléphone, montre, vêtements, voitures, etc.) ait toujours plus de valeur. Pourtant, très vite, les choses qui nous entourent deviennent obsolètes et on reveut de la nouveauté.

Dans la quête du soi, rien ne se démode. Toute avancée sert véritablement notre bonheur profond et celui que l'on diffuse aux autres.

Si vous êtes réticent, sceptique...

Aujourd'hui, même sans sentir la présence de votre âme, votre cœur est l'organe qui se charge de décrypter pour vous les messages de votre « Moi ». Très souvent, un garde-fou fait barrière et réquisitionne ce message. Ce garde-fou, c'est bien sûr votre cerveau, votre mental. Les personnes particulièrement axées sur leur mental affirmeront par exemple : « Je ne crois que ce que je vois », ne laissant aucun accès à leur source d'information bienfaitrice. C'est souvent l'amour entre deux êtres qui permet d'entrevoir cette information non palpable qu'est la présence de votre âme. Comme pour l'amitié, cela va au-delà des sentiments, des perceptions physiques que notre corps ressent comme un pic d'endorphines, ces hormones du bonheur. Lorsqu'on voit la personne chérie, ou que l'on fait une rencontre positive et évidente, notre raison ne sait pas pourquoi, mais nous le sentons.

Je ne sais pas pourquoi je t'aime,
mais je t'aime, je t'aime sans raison.

Pensons avec notre cœur et notre âme
et non pas avec notre tête et nos craintes

Les plus hermétiques à ces notions d'âme et d'intuition pourront cependant percevoir des messages lorsque leur mental sera au repos, pendant leur sommeil. Seul leur inconscient sera actif, non entravé par l'ego, il pourra transmettre les informations nécessaires. D'où l'expression : « La nuit porte conseil » !

Notre accomplissement terrestre : une question d'équilibre

Ces messages facilitent notre vie et notre accomplissement terrestres.

Mais quel est cet accomplissement ?

Notre mission sur terre est différente pour chacun, mais, pour tous, elle vise notre bonheur et notre plénitude terrestre et astrale. Notre âme n'est pas une maîtresse d'école sermonneuse, sachant tout, ayant tout compris et détentrice de la bonne parole. Elle ne nous martèle pas d'écouter davantage ses leçons distillées à travers des signes, des intuitions, des coïncidences, des messages du cœur, pour réussir plus facilement les exercices de notre vie. En bonne copine plutôt, elle partage toujours les réponses adéquates. Sachons mettre de côté l'enfant turbulent et terrestre que nous sommes, qui n'écoute pas toujours et qui souhaite expérimenter par lui-même, quitte à parfois échouer. Ne parlons pas d'échec, mais plutôt d'une somme de résultats qui permettra de tirer des leçons.

La vie est une douce aventure si nous acceptons l'équilibre entre les imprévus et les expériences faites à tâtons. Rebondissements à foison et excitation permanente. Accompagné de réponses bienveillantes soufflées par notre âme, nous pouvons être serein et confiant en la vie : « Tout ira bien et tel que ce doit être ». Votre âme, c'est « vous », ni plus ni moins, une partie pure et identitaire, tel un passeport que le monde occidental a mis de côté. Quel dommage ! La consulter plus souvent nous donnerait pourtant toutes les réponses à nos questions les plus existentielles sur nous-mêmes.

L'équilibre à trouver s'acquiert par la sagesse, la méditation, la remise en question perpétuelle et le questionnement profond.

Il ne s'agit donc pas uniquement de regarder en nous-mêmes. Le verbe « regarder » est réservé à notre corps terrestre, une enveloppe précieuse mais qui n'est que de passage pour cette vie uniquement parmi les nombreuses vies que notre âme habitera et a déjà habitées. Notre corps est déjà bien occupé à faire des expériences au service de cette âme qui est bien plus que nous. En ce qui me concerne, bien plus que Delphine, 58 kilos après régime et approchant la trentaine. Mon âme n'a pas cet âge-là, elle est plus vieille et, surtout, elle ne mourra jamais ; elle sera véhiculée par une autre enveloppe terrestre, dans une autre vie que JE pourrai vivre. Peu de chance que cette nouvelle enveloppe soit Miss France : elle sera peut-être un arbre donnant de l'oxygène aux passants et abritant les oiseaux d'une forêt ; ou un homme qui œuvrera pour le bien des autres… Leur lien à tous, je l'espère, ce sera de servir la cause animale, qui m'est chère comme vous le savez.

Votre âme, ce GPS

Notre âme est notre VRAI MOI. En avoir conscience va nous permettre de disposer de la dimension la plus lumineuse de nous-mêmes dans cette vie. Alors, mettez-vous en condition pour pouvoir l'écouter ! Peu importe que notre société soit logique et cartésienne, peu importe qu'il soit difficile de visualiser cette chose impalpable. Votre Vous (avec un grand V) a une enveloppe, un véhicule, c'est votre voiture. Vous (avec un petit v), que vous vous appeliez Laura, Delphine, Laurent ou Brigitte, vous êtes les pilotes. Vous roulez grâce à votre guide, votre âme, qui est le GPS sans lequel vous vous perdriez et feriez beaucoup trop de détours. Donnez-lui un petit coup de pouce en faisant réviser votre voiture, en en prenant soin (autrement dit, en ayant une bonne hygiène de vie, un corps sain) et en passant votre permis de conduire : en deux mots, soyez éveillé ! À vous les belles balades !

En aurais-je perdu en route ?

Ce développement a pu paraître quelque peu ésotérique pour certains. Avec mes mots, je souhaite alimenter votre réflexion. La question qui reste en suspens, et à laquelle vous ne pourrez peut-être répondre qu'à la fin de cette vie, est : « Quelle est ma mission ? » Et si vous ne trouvez pas la réponse maintenant, ce n'est pas grave, vous referez un tour dans une autre « voiture », mais toujours avec le même GPS !

Le cerveau et ses croyances limitantes

Nous sommes les acteurs de nos pensées. Croire en elles est une magie incroyable, tant la force de notre pensée est inépuisable. La pensée positive est particulièrement puissante. On a bien tendance à se parler pour stimuler son courage (« allez, tu peux le faire »), alors pourquoi ne pas le faire quotidiennement en lançant des affirmations positives ?

Gérer nos tics et tocs incontrôlables

Certains sont branchés sur la parole et le verbe, d'autres sont plus dans le geste – c'est ce qu'on appelle les tics, qui relèvent souvent de la superstition : « Il faut que je marche sur les bandes blanches du passage piéton » ; « Il faut vérifier encore une fois que j'ai bien fermé la porte… », sachant que généralement, la phrase complète est « il faut que je marche sur les bandes blanches du passage piéton pour réussir mon entretien d'embauche » ; « Il faut je revérifie que la porte est bien fermée et je passerai une bonne journée ». Mais pourquoi faisons-nous cela ? Pourquoi nos croyances peuvent-elles devenir limitantes si nous n'avons pas coché toutes les cases ?

Je pense que ces actions, ou réactions, sont la matérialisation de buts ou motivations que certains ont besoin d'avoir mais qu'ils n'osent exprimer à haute voix, « parce que cela ferait bizarre ». Mais, entre nous, ce qui est bizarre, n'est-ce pas plutôt de se contraindre à réaliser une série d'actions souvent non naturelles pour s'autoriser soi-même à « passer une bonne journée » ?

- Si quelqu'un dans votre entourage éprouve la nécessité d'obéir à des règles, des pulsions, c'est qu'il en a besoin à ce moment précis de sa vie, alors autant ne pas relever.

- Si c'est votre cas, reprenez le pouvoir sur vos pensées.

Nous n'avons pas besoin de tous ces tics, rituels ou gris-gris qui nous rassurent, pour que tout aille comme nous le souhaitons. Il est vrai que si j'en parle, c'est parce que ça m'est arrivé aussi. Prenez les sportifs : ils sont très nombreux à répéter méticuleusement des actions avant une compétition, souvent dans un certain ordre, comme un porte-bonheur. C'est en réalité une superstition. Pour les comédiens ou les artistes, on parle de « rituel » avant de monter sur scène. En revanche, pour nous, pour tous les autres, on parle de « troubles du comportement » !

J'ose vous confier que j'ai passé ma jeunesse, entre 9 et 18 ans, à avoir des troubles obsessionnels. Mes amis proches étaient dans la confidence. Il m'arrivait de faire des trucs complètement fous et très dangereux comme grimper une montagne de bottes de paille ou faire 10 longueurs de piscine en apnée pour que le garçon dont j'étais alors amoureuse m'aime. Si je ne faisais pas ça, ça ne marcherait pas, pensais-je. Pour le coup, j'ai fait ça pendant des années, mais ça n'a jamais marché ! Par la suite, c'est devenu plus gênant car le besoin de faire des actes répétés était impératif ; il m'arrivait ainsi, alors que j'étais avec mon meilleur ami du lycée et que la fin de la récréation venait de sonner, de lui dire : « Viens, on retourne vite au fond de la cour », alors que tout le monde se dirigeait vers les salles de classe. Il ne comprenait pas toujours, mais s'habituait et me disait : « Ah, c'est encore tes trucs ! » C'était bien ça : je me disais dans ma tête qu'en faisant cela, je réussirais le contrôle de physique. Plus tard encore, lorsque je marchais dans la rue avec mon premier amoureux, il m'arrivait de lui dire « Attends ! » ; je revenais alors 3 mètres en arrière avant de le rejoindre, soulagée. Il essayait parfois de m'en empêcher : « Écoute, ne fais pas ça maintenant et tu verras, ça ira. » Je pensais sincèrement que c'était comme un jeu entre la vie et moi : si je ne relevais pas le défi qui était venu à moi, je serais pénalisée, ce qui explique pourquoi je n'ai jamais tenté de m'y opposer.

Aujourd'hui, ces tics irrépressibles ont disparu. J'accepte que le pouvoir de ma vie réside en moi : ce sont mes pensées qui ont une incidence sur ma vie et non le défi, relevé ou pas, de certains tocs.

Balayer nos peurs et sortons-en grandis

L'unique entrave à notre bonheur est la peur, mère de l'angoisse. Nous la laissons à tort entrer dans notre tête et notre esprit. Elle nous fait subir des désagréments physiques comme les boules au ventre, la nausée, les sueurs, les insomnies. Tous ces maux se résument pour notre corps à un stress et un inconfort qui nous empêchent d'avancer.

Au sens physique comme psychique, la peur est un mauvais coach : elle fige les projets, sclérose les perspectives et handicape tout simplement notre vie.

Lorsque j'ai été élue Miss Alsace, à 19 ans, autant j'étais à l'aise devant les caméras, autant derrière, mes doutes et l'inconnu m'épouvantaient. Fraîchement élue ambassadrice de ma région, un mois après, je gagnais Paris pour rejoindre les autres candidates qui espéraient représenter la France en décembre. La capitale, la vie parisienne m'effrayait, toute jeune provinciale que j'étais. Je n'étais allée jusqu'à présent qu'une fois à Paris. Quelques années plus tard, je prenais le train, cette fois, uniquement accompagnée de deux valises remplies de robes récemment achetées pour remplacer mes jeans et de chaussures à talon avec lesquelles j'allais devoir inaugurer une démarche. Je demandai au contrôleur de m'indiquer où était le wagon inscrit sur mon billet. Mes parents m'ont accompagnée jusque dans le train, avant de me quitter les yeux aussi gonflés que le cœur. Je les vis me regarder par la fenêtre avec leur angoisse couplée à la mienne : où m'emmènerait ce train au-delà de son simple terminus ? Aujourd'hui, je le sais, ce train m'emmenait assurément vers ma nouvelle vie ! Avec le recul, j'ai un petit sourire moqueur envers celle que j'étais alors : je n'étais pas tant Un Indien dans la ville *qu'une Alsacienne dans la ville. Mes parents m'avaient conseillé de demander au contrôleur de m'avertir lorsque je devrais descendre, afin que je ne me trompe pas d'arrêt. Pourtant, aujourd'hui, je sais bien qu'on peut difficilement se tromper sur la ligne Mulhouse-Paris ! Mais ce jour-là, cette première fois où j'étais seule hors de mon village, hors de ma région, je me suis inventé tout un tas de peurs qui ne me permettaient pas de vivre le moment présent. Aujourd'hui, je rentre dans ces mêmes wagons l'esprit tranquille, je ferme les yeux avec la sérénité la plus totale jusqu'à l'arrivée. Nos peurs sont bien souvent injustifiées, ne pourrions-nous pas les regarder avec compassion, comme un premier émoi ? La peur ne doit pas bloquer, elle sert avant tout à être prudent. Pour finir l'anecdote, c'est avec prudence qu'arrivée à Paris, je fis ce qu'on m'avait recommandé : je pris tout de suite à droite pour trouver la file de taxis. Je n'aurais qu'à donner le papier où était écrite l'adresse de ma destination finale. J'ai mis moi-même mes deux gros bagages dans le coffre, malgré mes talons de Miss sur lesquels j'avais bien du mal à tenir. Je ne voulais surtout pas être impolie, et pour que le chauffeur ne se sente pas humilié à « faire le taxi », j'ai ouvert la porte côté passager pour m'y asseoir et lui faire la conversation pendant le trajet. Le chauffeur, étonné, m'a ordonné sèchement de m'asseoir à l'arrière. Pendant tout le trajet, il m'a jeté des regards dans le rétroviseur comme s'il observait un extraterrestre.*

Nos apprentissages, parfois cocasses et même difficiles, nous permettent d'avancer. Voici quelques astuces qui vous permettront de gagner du temps :

- Commencez par **identifier vos peurs**. Analysez-les, posez-vous les bonnes questions : est-ce que cela ferait peur à quelqu'un d'autre ? Ce que je risque, est-ce si grave que cela ? Si je pensais différemment, si j'étais plus confiant, si j'avais confiance en ma bonne étoile, ne serais-je pas plus détendu ? Souvenez-vous de vos peurs d'enfant, que vous n'avez plus aujourd'hui, ou de celles de maintenant, propres à chacun d'entre nous : votre voisin, qui trouve curieux que vous ayez peur de voyager seul alors qu'il a fait trois fois le tour du monde sac à dos. Vous, qui ne comprenez pas que votre ami ait peur des chiens, pour vous, les meilleurs amis de l'homme. De la même manière, il y a des personnes phobiques des pigeons, du nombril ou des bananes ! Cela vous fait rire ? Ils existent pourtant, et eux sourient peut-être de ceux qui ont peur d'être seuls ou qui n'osent pas déclarer leur flamme ou encore parler en public.

- Chaque peur peut être sujet de moquerie, mais, plutôt que de se moquer de quelqu'un, mieux vaut **se moquer de sa propre peur**. Car il faut bien l'avouer, elle n'a aucune utilité, c'est une usurpatrice qui prend beaucoup trop de place dans nos vies ! En effet, elle nous fait voir des mirages noirs, nous monte des baratins énormes comme une montagne, retarde nos actions, amoindrit nos rêves et nous ferait même douter de nos qualités. Si vous lui donnez trop d'importance, elle entre chez vous, dans votre tête et sera difficile à déloger. Vous n'avez d'autre choix que de repousser vos projets, vous ne pouvez pas être pleinement et sereinement vous, vous ne pouvez pas vivre vos envies, tout simplement !

- Prendre conscience que **la plupart de nos peurs ne servent à rien**, c'est faire un pas de géant vers la délivrance. La vie est déjà remplie de certaines émotions complexes, plus ou moins savoureuses ou piquantes.

- Pour ceux dont la peur est bien installée, essayez de **l'extérioriser** : parlez-en avec vos vrais amis, ceux qui veulent vous voir grandir, partagez vos peurs entre vous. Mon petit doigt me dit que vous serez étonné par les peurs de vos amis et serez mutuellement de très bon conseil.

- Vous pouvez aussi réaliser un petit exercice : écrivez sur un papier **l'inverse de vos peurs** ; la phrase doit être positive et écrite au présent et à la première personne. Par exemple, si vous avez toujours eu peur du regard des autres, n'écrivez pas : « Je n'ai pas peur du regard des autres », mais : « Je suis fière de la vie que je mène ». Vous ne vivez pas pour les autres, mais pour vous ! C'est évident et pourtant, ce n'est pas acquis pour tous. Cette phrase positive, « Je suis fière de la vie que je mène », dites-la plusieurs fois par jour à haute voix, et juste avant de vous endormir. La pensée positive est le meilleur désherbant contre la peur, utilisable même en agriculture bio !

S'affranchir du regard de l'autre et de son jugement

Le dialogue que nous avons entamé ensemble, à travers ce livre, n'est que bienveillance partagée. Mais rappelez-vous, vous m'avez promis de rester accrochés sans me juger, et pourtant, j'en suis sûre, vous l'avez déjà fait. Si, si ! Quand ?

Sans me connaître, il y a plusieurs années maintenant, vous m'avez jugée d'après ce que vous voyiez alors que je concourais à Miss France. Pour autant, ce jugement, je ne peux pas trop lui en vouloir (c'est bien l'un des rares jugements qui peuvent être positifs). C'est grâce à lui, grâce à vos votes que je suis là où j'en suis aujourd'hui. Si vous me suivez encore après tout ce temps, c'est que vous avez appris à me connaître davantage. Vous avez dépassé l'enveloppe corporelle, première chose qu'il est possible de juger de loin, pour découvrir un comportement ou des valeurs.

La plupart du temps, nous sommes mal considérés, jugés trop vite. Qui ne s'est jamais dit : « J'aimerais qu'il essaie de mieux me connaître avant de porter une opinion sur moi » ? Rien que le mot « jugement » est lourd, il met déjà une chape de plomb sur n'importe quelle personne qui en est l'objet.

- Avant de juger, de déclarer coupable une personne, essayons de porter sur elle un regard plus doux, essayons de l'aimer, tout du moins de ne pas la critiquer. Ne jugeons pas ceux que nous aimons, essayons juste de les comprendre. Et nous ne serons jamais déçus de leur comportement si nous les connaissons vraiment bien. Aimer, aimer vraiment, c'est aimer en connaissance de cause, en connaissant la personne telle qu'elle est. C'est aimer l'autre tel qu'il est. J'ai compris que j'aimais vraiment celui qui partage ma vie à partir du moment où j'ai commencé à aimer jusqu'à ses défauts, sans les juger.

- Ceux qui n'ont pas la conscience de leur âme, de sa pureté et de sa force, s'amuseront peut-être à juger les autres. En réalité, ils le feront pour ne surtout pas prendre le temps de se regarder eux-mêmes. Car la vie est bien faite, votre âme est là pour vous rappeler à l'ordre, dans les moindres silences ou les moindres pensées (même à celui qui met la musique très fort ou se distrait pour ne pas l'entendre). Votre âme fera tout pour vous être audible, alors laissez-vous guider ! Imaginez une personne qui ne veut pas sortir seule parce qu'elle a peur du regard des autres ; elle préfère rester chez elle, mais pas dans le silence à réfléchir sur elle ; elle allume la télé pour se divertir, s'étourdir et ne surtout pas penser. Elle regarde par exemple The Voice, et critique de son canapé des personnes qui chantent pourtant mieux qu'elle, des champions d'une catégorie qui n'est pas la sienne. La peur de se confronter à elle-même lui fait critiquer les autres.

Et si vous acceptiez tout simplement que vous ne puissiez pas plaire à tout le monde ? Et que, bien souvent, la personne que nous avons le plus de mal à séduire, c'est nous-mêmes…

« Construisez vos propres rêves, ou quelqu'un d'autre va vous embaucher pour construire le sien. » Farrah Gris

Se sentir différent : mais qui a tort, qui a raison ?

Delphine et les garçons

Je me suis déjà demandé pourquoi je suis une fille qui réfléchit comme un garçon, pourquoi leurs code (relation aux autres , humour) me sont plus familiers que ceux du sexe auquel j'appartiens. Malgré les apparences, je suis un peu ce qu'on nomme un «garçon manqué».

Durant toute ma scolarité, j'ai toujours eu seulement une ou deux meilleures amies ; les autres filles n'étaient ni des rivales ni des copines, c'était comme ça. J'adorais construire des cabanes dans la forêt en jeans et baskets, réaliser des sauts avec mon vélo dans les champs et plein d'autres choses de petits hommes ! Je me souviens aussi que lorsque nous célébrions de faux mariages près de la rivière, c'était mes deux meilleures amies qui jouaient les mariées et mes copains les mariés, moi j'étais toujours le curé ! J'étais désintéressée des romances. Mes copains étaient mes copains de jeu, et comme je me sentais totalement comme eux, j'étais toujours très déçue lorsque l'un d'entre eux venait m'avouer qu'il était amoureux de moi, ça gâchait tout ! Dans ce cas, nous arrivions rapidement à un accord : « Écoute, moi je ne veux pas de chéri, mais les filles seraient d'accord, alors formez un couple ensemble ! » Je ris rien que d'y repenser ! Lorsque nous allions à la piscine, nous nous installions au fond du bus pour jouer à l'abri du regard des accompagnants à Action ou Vérité. Moi, je choisissais plutôt « vérité », parce que l'action était toujours la même : « Fais un bisou sur la bouche de… ». Les fois où je prenais « action », c'était parce qu'une de mes amies me demandait de lui donner mon gage, qu'elle était si excitée de réaliser !

C'est fou quand même comme une fille peut parfois se sentir tellement en phase avec le sexe opposé qu'elle fait sien leurs us et coutumes. Même à la maternelle, lorsque les garçons couraient après les filles pour soulever leur jupe (#balancetonquoi n'existait pas encore !) ou leur faire un bisou, je faisais partie de leur équipe, j'étais leur alliée.

Les gens avaient du mal à comprendre que je passais tout mon temps avec les garçons, encore plus lorsque mes deux meilleures amies ont changé d'école, c'était vraiment Delphine et les garçons. Ça a toujours été comme ça. D'ailleurs, je me suis souvent piquée à la jalousie des petites amies de mes copains, qui me voyaient comme une rivale alors que j'aimais profondément mes copains sans la moindre ambiguïté : c'étaient des copains ! Je comprends que ça ne devait pas être facile à accepter pour elles que le « super pote » de leur chéri soit une fille (qui en avait tous les attributs) ! Pour finir, j'ai beaucoup réfléchi à tout ça, et j'ai fait le lien avec ma naissance.

J'ai failli m'appeler Kevin

Enceinte de moi, ma mère, comme mon père, voulait garder secret le sexe et le découvrir à la naissance. Ce jour-là, Lio, mon grand frère, allait enfin savoir s'il allait avoir sa petite sœur. Mon père était en pole position, prêt à scruter le sexe de ce deuxième enfant tant attendu : neuf ans entre mon frère et moi ! Bien que débordé par l'émotion, mon père a vu une petite fille, mais il a écouté sans la contredire la sage-femme qui, après m'avoir enroulée dans un lange, leur a annoncé : « C'est un petit garçon ! » Mon père avait sûrement mal vu. Mes parents ont décidé de m'appeler Kevin.

Lorsque le médecin est entré dans la chambre, il s'est approché de mes parents et leur a adressé un « félicitations pour votre petite fille ! ». Mon père lui a répondu du tac au tac (avec la peur d'un échange de bébés) : « Ah non ! Nous, c'est un garçon : Kevin. » Au même moment, la porte s'est ouverte, la sage-femme est entrée dans la pièce, rouge de honte, et a bafouillé : « Je… Je me suis trompée, vous avez une petite fille » ! Fou de bonheur, mon père a tranché : « Ce sera Delphine ! »

J'en conclus que ces quelques minutes où mes parents (et mon frère) ont posé sur moi des pensées de bienvenue à leur petit garçon ont fait de moi la personne que je suis aujourd'hui, dotée d'un corps et d'une apparence de fille, mais d'une âme sur tous les points semblable à celle d'un garçon. Et après tout, pourquoi pas ? Nous sommes tous uniques et différents !

Cultiver sa différence

Je suis à la fois une âme gaillarde malgré un physique bien féminin, une fierté provinciale au pays des Miss parisiennes, une amie des animaux entourée de chasseurs, la reine végétarienne de l'Alsace, une jeune fille qui découvre les énergies, les pendules dans une famille cartésienne… Même mes cheveux, rouges, ont longtemps traduit cette flamboyante envie de tracer mon chemin à ma façon.

Depuis que je suis toute petite, je me sens différente. Et vous, vous sentez-vous plutôt différents ou plutôt dans le moule ? Vous laissez-vous emporter par le courant, le sens de l'eau ? Plutôt mouton, plutôt saumon ? Prenons ce dernier, lui ne suit jamais le sens de l'eau et remonte toujours le courant parce qu'il respecte sa nature.

Être différent des autres, est-ce prendre un risque ? Mais quel risque ? Celui de souffrir d'être à part ? Celui d'avoir peur de ne pas être aimé ? Ou celui de perdre de l'énergie à manifester votre singularité ? Mais peut-être adhérez-vous sincèrement et pleinement à la façon de penser des autres… Dans ce cas, c'est une situation des plus confortables, bien que temporaire puisque nous sommes par définition toujours différents par rapport à l'autre et de plus, en permanente évolution.

*Ceux qui vous accepteront comme vous êtes
seront votre bon entourage.*

Pour ma part, je vous encourage à cultiver votre différence, **le seul moule dans lequel il vous est conseillé d'entrer est celui qui possède vos propres empreintes**. Inévitablement, les jours de baisse de moral, la différence crée des doutes. Pourtant, il ne faudrait jamais douter de ceci : **nous sommes tous différents et c'est cette différence qui est la force de chacun**, une force qui nous permettra de remonter n'importe quelle rivière à fort courant (#balancetonsaumon).

Je m'intègre, tu t'intègres, il s'intègre… ou pas

En gourmande que je suis, le mot « intégration » me fait penser immédiatement à la préparation d'un dessert : « À présent, intégrez la farine. » Dans la pâtisserie, le but est d'obtenir une pâte lisse, une fois que tous les ingrédients sont ajoutés. Parfois, il faut intégrer petit à petit la farine à la préparation, en remuant pour que ça ne fasse pas de grumeaux.

Bonne nouvelle, la vie n'est pas une pâtisserie, il n'y a pas d'incorporation délicate, même si nous sommes projetés dans un groupe, une entreprise, une belle-famille avec qui nous nous sentons parfois comme un cheveu sur la soupe ! Alors oui, il arrive que nous nous sentions différents à un point tel que nous avons l'impression que notre seule présence fait retomber le soufflé. Quel que soit notre ressenti, avons-nous vraiment le choix ? Peut-on choisir de vivre, par exemple, dans une une entreprise où chaque personne nous ressemble ? Cela semble difficile pour ne pas dire impossible. Nous sommes des êtres uniques, et malgré notre système éducatif et un enseignement commun, nous sommes tous différents. Seuls quelques ingrédients – notre scolarité, la télévision, les réseaux sociaux, etc. – nous lissent et nous mimétisment. Pour le reste, tout nous rend différents : l'éducation familiale, les rencontres, les voyages que nous faisons et le chemin que nous parcourons individuellement expliquent que l'intégration ne peut être linéaire et parfaite, et qu'importe ! Qui a tort ? Qui a raison ? Est-ce ceux qui pensent et se comportent comme la majorité ? Ceux qui agissent d'après la pensée unique, régie par le pouvoir, l'argent, les apparences, la surconsommation, la possession et le paraître ?

N'est-il pas plus brillant et bien en lui,
celui qui pense par lui-même, en tirant profit de ses échecs,
les renommant « expériences » ? A-t-il à rougir,
celui qui a compris qu'être différent, c'est s'affirmer
unique, avec des qualités à partager ?

La richesse est dans le partage de savoirs différents entre des êtres différents, animés par la même bienveillance. L'autre est un puits de ressources et d'apprentissage lorsqu'il est justement différent de soi.

Est-ce que chacun n'a-t-il pas plus à gagner
à devenir soi-même plutôt qu'à s'épuiser à jouer
à être un autre pour plaire à tous,
risquant de quitter son propre chemin vers soi ?

Pour s'intégrer, on ne demande pas l'homogénéité parfaite d'une pâte à gâteau bien lisse mais plutôt des couleurs, des saveurs et des textures différentes, comme dans une salade de fruits. Si vraiment vous vous sentez mal à l'aise avec vos différences, répétez-vous cette phrase tous les soirs avant de dormir : « Je suis différent de l'autre et j'en suis fier parce que je suis moi et qu'il est lui. » Voilà, chacun est à sa place. D'ailleurs, si vous ne prenez pas la vôtre, qui la prendra ?

Trouver l'âme sœur

Allez vers les autres ! Soyez ouverts et tolérants, car, rappelez-vous, vos amis étaient de parfaits inconnus avant que vous les connaissiez.

Si vous n'avez pas encore eu la chance de rencontrer cet autre qu'est l'amour ou l'ami(e), ce sera peut-être bientôt. Mais, si vous croisez aujourd'hui cette personne dans la rue, vous ne la reconnaîtrez pas puisque pour le moment, elle n'est qu'une autre parmi tant d'autres ! Pour cette raison, n'éprouvez pas de méfiance envers les personnes que vous ne connaissez pas, ne vous laissez pas impressionner par leur présumé mystère.

L'amour, avec un grand A

De même, ne vous sentez pas gêné par celui ou celle dont le regard vous dira que « vous êtes cet Autre » et que vous êtes faits l'un pour l'Autre.

L'autre est une aventure, une rencontre, il est synonyme de chemin et d'avancée vers soi. Le destin est ainsi fait que nous attirons les personnes dont nous avons quelque chose à apprendre, à partager, que ce soit positif ou négatif. Ces rencontres, lumineuses ou mouvementées, nous permettent de tirer une expérience, un enseignement positif. Grâce à ces personnes, à leurs côtés, vous avancerez, qu'elles soient bonnes ou mauvaises. Suivez votre boussole interne, votre intuition, le reste du chemin à parcourir n'est pas indiqué, et c'est tant mieux tout reste à découvrir. Alors, vivez et expérimentez l'Autre !

Aimer l'autre comme il est

Qui n'a jamais rêvé de trouver le meilleur danseur du monde pour un « tango de vie » ? Le bon partenaire n'est pas forcément le champion de la discipline.

Choisissez plutôt la personne dont les qualités et les défauts danseront merveilleusement bien avec les vôtres !

Pourtant, nous essayons tous, à un moment ou à un autre, de changer la personne que nous aimons afin qu'elle soit davantage comme nous aimerions ; ainsi, pense-t-on, pourrons-nous mieux nous comprendre. Mais, justement, ce qui fait que vous aimez cette personne, c'est qu'elle est comme elle est. Pourquoi vouloir la modifier ? Pour son bien ? Pour votre confort ?

Un jour, Mon Amour m'a dit : « Imagine que je suis un arbre, un majestueux chêne… Chaque branche représente une de mes expériences, et le tronc, c'est ma vie. Il y a des périodes où, comme toi, j'ai eu beaucoup d'eau, et des périodes où je suis passé par des sécheresses de plusieurs semaines. Mes branches ne sont pas parfaites, mais c'est grâce à elles que tu m'aimes. » J'ai répondu qu'en jardinerie, il faut élaguer les branches mortes et tailler suffisamment bas pour que l'arbre reprenne de la vigueur. C'est la conception de certains jardiniers, pas de tous. Sa réflexion fut que si l'on coupait toutes ses branches, que l'on cherchait à le transformer en bonsaï dont la perfection des branches est sublime, le chêne, malgré le temps et l'expérience, ne serait plus celui qu'il est. Il a conclu : « Abrite-toi sous ces branches, ressource-toi auprès de cet arbre, donne-lui de l'eau, mais ne le modifie pas. »

L'amour, c'est en effet accepter l'autre pleinement, avec sa nature forgée par ses expériences. Seul l'autre peut changer s'il en ressent le besoin dans son chemin de vie et d'évolution, mais nous ne pouvons et ne devons rien imposer. Nous ne pouvons pas reprocher à l'autre d'avoir des défauts. Nous sommes tous constitués d'un subtil mélange de qualités et de défauts. Ainsi, certains arbres s'épanouissent dans des zones ombragées, d'autres en plein soleil. Réjouissons-nous d'avoir choisi l'arbre le plus en adéquation avec notre propre terrain (nos expériences) et notre exposition (les valeurs sur lesquelles nous sommes intransigeants). Mais pour cela, encore faut-il que nous soyons suffisamment **bien seuls pour pouvoir être heureux à deux**…

Traverser une crise de couple

Deux personnes en couple peuvent ne pas avoir les mêmes envies et mêmes besoins au même moment. Il est donc important de pouvoir partager sur le sujet. Généralement, des échanges, des réajustements sont nécessaires au début. Ils sont indispensables pour comprendre le mode de fonctionnement, les besoins, les attentes et les faiblesses de l'autre et savoir composer avec.

Lorsque la communication est mauvaise, l'un juge l'autre sans chercher à le comprendre, les disputes peuvent mener loin : séparation ou maintien du couple, mais chaotique.

L'important, c'est la communication bienveillante (page 198) en gardant ceci à l'esprit lorsque vous êtes en discorde :

1. *Observation.* Prenez du recul sur ce qui vous énerve ou vous chagrine et posez des mots sur ce qui se passe, comme si vous étiez extérieur à la situation. Parfois, cela peut suffire à désamorcer les discordes sans importance.
2. *Sentiment.* Exprimez vos sentiments sans reproche ni jugement ; ne parlez pas pour lui, exprimez juste ce que vous ressentez : « J'ai l'impression que… » ; « Je ressens… » ; « Je manque de… ».
3. *Besoin.* Dites sans reproche ni jugement vos besoins : « J'ai besoin que » ; « Je me sentirais mieux si… ».
4. *Demande.* Énoncez une phrase positive. Ne dites pas : « Pourrais-tu arrêter de faire tous les soirs des soirées foot avec tes copains ? », dites plutôt : « Pourrait-on se faire une soirée entre amoureux jeudi ? ».

Dans le chemin vers la prise de conscience de l'autre, de ses besoins, de ses envies, de ses blessures, une communication quotidienne de réajustement bienveillant pourra faire durer un couple épanoui.

Un couple réussi, ce sont deux personnes consciente d'être différemment imparfaites, et dont le combo crée une sculpture abstraite : incompréhensible de l'extérieur mais à laquelle pourtant tout le monde aimerait s'identifier !

Le jeu du chat et de la souris

Vous avez souvent l'impression d'attendre l'autre ? De vous faire avoir une fois sur deux ? Vous êtes la souris, celle qui idolâtre au point d'accepter des choses qu'elle n'accepterait pas en « temps normal » ou venant d'une autre personne. Et sincèrement, une fois que les rôles du chat et de la souris sont installés, difficile de renverser la vapeur.

« Le temps normal », c'est quand les histoires d'amour nous procurent du plaisir, du partage, du confort (et non du réconfort). Mais, lorsque nous sommes la souris, nous cherchons l'attention du chat, coûte que coûte. Le chat est fuyant, tel un courant d'air, il ne veut pas donner trop de son temps, regarde beaucoup son téléphone en notre présence, nous pose des lapins. Nous nous adaptons en permanence à ses exigences et son emploi du temps.

Dans beaucoup de cas, l'adaptation est positive. Mais dans un couple chat-souris, « l'adaptation » résulte de la soumission de la souris et du manque de respect du chat. Que cherche la souris ? Veut-elle se punir en se maintenant dans une relation qui ne la rend pas pleinement heureuse dans laquelle elle a l'impression d'être sur le fil ? Pourquoi ne nous autorisons-nous pas plus le bonheur ?

J'ai souvent remarqué que ces couples chat-souris, forcément déséquilibrés composés d'un admirant et un admiré (même s'il n'y a pas grand-chose à admirer), passent très bien en photo ensemble. On les qualifie de « beaux couples », mais suivant quels critères au juste ? Celui du nombre d'or et des proportions esthétiques parfaites ? Mais qu'est-ce que la souris trouve donc à ce chat ? C'est un peu le syndrome de la coquille vide : la souris ne sait pas qui elle est et espère trouver le bonheur dans le reflet qu'elle renvoie de son couple. Une fois la porte de leur foyer fermée, ces couples ne sont ni épanouis ni complices, et ne partagent rien de plus que des photos duo sur les réseaux.

Avez-vous déjà entendu ces phrases : « Il aurait peut-être pu trouver mieux ? » ; « Il est moins bien qu'elle, non ? » Comment peut-on dire « mieux » ? De quoi parle-t-on ? Du rang social ? Du métier ? De l'argent ? De la popularité ? De l'assurance que certains ont en public ? **Un beau couple est celui qui est encore plus beau dans sa vraie vie que sur les photos Instagram.** Il est tout aussi complice en pyjama devant la télévision qu'au resto avec des amis. Quand nous distinguons vraiment l'âme de l'enveloppe (notre corps), nous comprenons pourquoi ni l'apparence, ni le métier, ni la richesse matérielle, ni l'âge ne peuvent être les indicateurs d'un couple qui fonctionnera. Notre âme, c'est notre moi profond, différent de notre apparence. Peu importe la voiture dès lors que le copilote nous fait kiffer le voyage !

Lorsqu'une souris est sortie vivante des griffes du chat, elle cherche inconsciemment à se venger et à dissimuler ses faiblesses pour ne plus souffrir. Il arrive qu'elle veuille faire souffrir à son tour et qu'elle devienne elle-même chat pour reprendre le contrôle : elle cherche alors une personne « sparadrap », qui sera juste là pour jouer le rôle de la souris. Elle va, à son tour, la déconsidérer, mais, au moins, elle ne souffrira pas.

Faut-il faire confiance au destin qui place sur notre route des personnes ou tenter de forcer des relations qui ne veulent « pas prendre » ?

L'amour et l'attachement ne s'achètent pas et les philtres d'amour n'ont pas encore été certifiés.

Malgré tout le mystique qu'il y a dans ma vie,
je crois sincèrement que même dirigées, nos pensées
ne peuvent et ne doivent forcer aucune personne et aucun
sentiment s'il n'est pas réciproque.

Partant de ce principe, pourquoi attendre, pourquoi souffrir pour une réponse qui ne vient pas, un SMS qui met tant de temps à arriver ? En sortant de ce jeu du chat et de la souris, vous serez définitivement libéré d'un des plus grands poids du couple.

L'unique question que nous devons nous poser chaque jour est : **qu'est-ce qui me rend heureux et QUI me rend heureux ?** Bien sûr, la réponse n'est jamais le chat.

Bâtir sur des fondations solides

Et si nous poursuivions uniquement les relations qui commencent sur une base saine ? C'est comme une maison : il faut s'y sentir bien, en sécurité, y vivre des moments heureux, de vie et de complicité, la remplir de souvenirs communs. Nos relations avec l'autre, tout comme une maison, doivent être bâties sur des fondations solides. Si quelques années plus tard, nous changeons de maison (de partenaire), chacun des deux aura fait une plus-value : celle de l'expérience ! En effet, aucune expérience n'est négative, même si elle est douloureuse ; elle sera toujours positive de par son enseignement.

Quitter ses amours anciennes

Qui n'a jamais été hanté par un amour inachevé ou mal achevé ? Il arrive que l'objet de cet amour soit alors placé sur un piédestal que nous avons bien du mal à déboulonner. Et si nous nous demandons pourquoi cela n'a pas marché hier, nous allons parfois jusqu'à penser que notre histoire pourrait recommencer, mais autrement demain.

Or, les souvenirs rendent toujours les choses plus belles. Et nous aurons beau nous dire que « oui, mais à cette période, j'étais plus jeune, plus sensible, maintenant ça fonctionnerait mieux », ça ne marchera pas. Quels que soient les arrangements, les accords, l'organisation du couple, le résultat reste toujours le même ! Quand une relation reprend avec la même personne, rien ne change. Et ce, même avec le temps qui passe et qui transforme les personnes. Le ton des relations, leurs points forts et leurs points faibles restent, eux, identiques. Un plat réchauffé a rarement un goût totalement différent. Il en est de même avec cet ami que l'on n'a pas vu depuis des années et avec qui on garde la même complicité, les mêmes joies, même après des années sans s'être vus.

Les associations de gens fonctionnent ou ne fonctionnent pas, et ce, indépendamment du nombre d'essais.

Je ne dis pas que tout se joue au premier regard, que les choses ne bougeront plus, mais dans les grandes lignes, ceux pour qui la relation est fragile ou délicate dès le début constateront qu'il y a peu de chance que les choses s'arrangent avec le temps.

J'en viens au fait : pourquoi rester perturbé par une personne que nous avons qualifiée d'« ex » ? L'ex appartient à un domaine passé de notre vie, qui n'a pas fonctionné et dont nous ne voulons plus. Pourtant, il peut avoir un poids réel à cause de ce petit fil élastique invisible qui, lorsque nous avons un moment de faiblesse, nous ramène à notre passé, peut-être inconfortable mais connu. L'inconnu du futur fait peur, il est donc parfois plus facile pour certains ou certaines de retourner vers un ex, même qui leur fera du mal, plutôt qu'affronter l'inconnu. Ainsi, même lorsque nous sommes bien installés dans une relation, il arrive que les démons du passé reviennent de façon cyclique…

Il arrive parfois d'entendre : « Je suis bien dans ma vie, dans mon couple, mais je pense à mon ex, même si je sais qu'il (elle) ne me rendrait pas heureux(se) » ? Mais pourquoi les ex qui appartiennent au passé peuvent-ils avoir ce rôle perturbateur dans un présent pourtant satisfaisant ?

Ces petits démons ne sont que le produit de nos pensées. Et ces intrus nous font douter de notre présent, nous font vouloir rejouer le passé et nous angoissent pour le futur. Ces pensées hyperactives, cousines de la peur, nous feront toujours faire plus aisément un pas vers le passé (rassurant, même si destructeur) que vers le futur (mystérieux et forcement positif puisqu'il est une étape de notre destin).

Aussi, être « hanté par son ex » ne devrait pas être possible, à moins que comme moi, vous aimiez les vies compliquées. Hormis le côté sympa des rebondissements de couple à la Bridget Jones, ce qui a été testé et n'a pas fonctionné n'a nul besoin d'errer autour de notre âme, tel un fantôme qui squatterait et perturberait l'équilibre de notre quotidien. Alors, ces personnes qui viennent perturber vos rêves ?

Voyez-les simplement pour ce qu'elles sont : des petits démons qui toquent à la porte de votre esprit les soirs de pleine lune. Et pas de panique, ces perturbateurs ne peuvent être effectifs que si vous leur faites vraiment de la place.

Les ex font partie de vos souvenirs. Remerciez-les d'avoir été là pour vous montrer ce que vous ne voulez plus dans votre vie, inutile de leur en vouloir ou de les mépriser, ils ont éclairci votre chemin.

Le mieux pour gérer vos ex ? Lorsque vous êtes apaisé et fortifié, et non plus déstabilisé par cette relation fantasmée, transformez vos ex en amis, ils vous connaissent si bien !

Essayez de remplacer « mon *ex* me perturbe » par « j'ai un déj. avec mon *ami* » : là, vous aurez grandi, vous aurez dépassé l'épreuve, il n'y a plus d'ambiguïté ; parlez ensemble, échangez, prenez conseil, et pourquoi pas, parlez de votre chéri(e) actuel(le) !

Pourtant, c'était quelqu'un de bien...

L'important n'est pas tant de trouver une bonne personne que LA bonne personne pour nous. Deux bonnes personnes peuvent être malheureuses ensemble, comme deux bandits peuvent être heureux. Deux personnes aux mille et un défauts peuvent se compléter, s'aimer, à condition de s'emboîter parfaitement malgré leurs mille et une crevasses. Imaginez que vous soyez du bon chocolat et que l'autre une bonne tomate. Pris séparément, ces deux ingrédients sont « bons », mais leur association est peu concluante.

Choisissez une personne grâce à laquelle vous serez sublimé(e), que vous soyez chocolat, tomate, piment ou moutarde ! **Former un binôme, c'est être avec la personne qui va bien mieux avec vous que n'importe quelle autre.**

Les mauvaises rencontres

Expérimenter en étant entouré d'un amour bienveillant et libre est un cadeau presque aussi incroyable que recevoir des chaufferettes lors d'une ascension dans de hauts sommets enneigés ! Certaines personnes vous inspirent légèreté et énergie de faire, de vivre et de concrétiser. Elles vous font grandir et veulent vous voir plus « vous-même » que jamais. N'allez que vers elles : elles sont de vraies amies, de vraies amours, et ces communions d'âmes sœurs vous aideront à développer votre confiance en vous, votre humour, votre empathie, votre joie, etc.

D'autres profitent de votre lumière de vie pure pour vous envahir, vous en demander toujours plus jusqu'à prendre le contrôle de votre vie, de vos souhaits, de votre emploi du temps, de vos relations… Elles vous épuisent.

Ne laissez personne
qui vous met mal à l'aise ou qui vampirise
votre énergie rester dans votre entourage.

Sur son chemin de vie, chaque randonneur vit ses propres émotions, tels des poids dans son sac à dos : lors de la pause déjeuner, certains transforment ces poids en joie, en festin, d'autres tirent du sac du plomb (en d'autres mots, des soucis), et attendent que vous les en délestiez. Surtout, ne l'acceptez pas. Chacun est responsable des choses positives comme négatives qu'il emporte dans son sac pour le voyage de sa vie. Ces personnes ont coupé le cordon de vie et de protection qui les relie à leur âme et ont choisi de l'abandonner en chemin. Les mauvaises rencontres se nourrissent du malheur des autres, de sentiments sombres, propres à l'homme, comme la jalousie, l'envie ou l'avarice. Ces péchés capitaux sont tous nés de la peur !

Sur votre chemin, vous rencontrerez aussi des menteurs, des colériques, des pervers narcissiques, des personnes toxiques ou manipulatrices. Peut-être êtes-vous abonnés à ces personnes qui vous aspirent littéralement, vous exploitent et prennent votre lumière. Dans ce cas, il est temps que vous compreniez que **ces répétitions de rencontres n'ont rien à voir avec le hasard**. Soyez attentifs, éveillés et apprenez de vos échecs. Essayez de décrypter quels enseignements la vie souhaite partager en mettant ces êtres sur votre chemin. La tâche n'est pas aisée, mais une fois surmontée, quel bonheur !

Une chose est sûre : si vous êtes emprisonné(e) dans une telle situation, il n'y a que vous pour vous en sortir. Une fois que vous aurez analysé et digéré ce qui se passe, trouvé quelles sont vos faiblesses et vos peurs pour attirer sans cesse des personnes qui cherchent à vous tirer vers le bas, vous écrirez votre vie différemment.

On ne peut sauver personne

Nous pouvons juste proposer des clés à des personnes rencontrées sur notre chemin : à elles ensuite de se délivrer si elles le souhaitent. Ne pensez surtout pas que votre mission est d'aider les personnes à aller un peu moins mal en perdant vous-même des plumes. Le sacrifice de l'un ne peut aider l'autre ! La mission doit être d'abord bonne pour vous, et pour le Tout, l'Univers : acceptez-la si vous rayonnez, si vous donnez et redonnez du sourire, si vous vous mettez dans une dynamique de vie positive et créatrice. Grâce à l'effet miroir, votre relation à l'autre, son regard et celui que vous portez sur vous-même se modifieront d'eux-mêmes.

La jalousie, une preuve d'amour ?

Si l'on fait un sondage autour de soi en demandant : « Êtes-vous jaloux ? », le résultat est sans appel : c'est un oui massif, car les personnes non jalouses osent à peine l'avouer – on leur rétorquerait immédiatement que ne pas être jaloux dénote un manque d'amour.

Sérieusement, certains d'entre vous arrivent vraiment à se sentir flattés par la jalousie ?

Il y a plusieurs manières d'aimer, mais tout autant de manières de mal aimer : des personnes qui s'aiment (mal) à la folie, au point de s'abîmer, allant parfois jusqu'au crime passionnel ; des couples qui s'insultent, s'espionnent, se battent, mais restent ensemble par habitude ou par peur, qui s'aiment trop (« Je t'aime trop, tu me rends fou » ; « Je t'aime plus que je m'aime »)… Au fond, le vrai problème est ailleurs. Il est en nous : le manque d'amour de soi, celui-là même qui conduit au manque de confiance en soi et donc en l'autre : je ne m'aime pas assez, alors comment pourrait-il, pourrait-elle m'aimer ? Cette interrogation muette conduit souvent à un autosabotage de son couple, qui se manifeste par la jalousie et des faits marquants, comme les crises de jalousie.

Pourquoi ne pas se dire : « Je mérite d'être heureux, je veux le bien et le bonheur pour nos âmes, pour moi-même. J'ai trouvé une personne qui s'aime suffisamment pour m'aimer aussi et vouloir notre bonheur. Nous décidons de nous unir pour faire un bout de chemin ensemble et nous rendre heureux mutuellement » ?

Si vous vous aimez assez et que vous respectez votre vie et votre envie d'avancer, de découvrir et de vivre, vous n'accepterez jamais que quelqu'un vous réprimande à tort pour ce que vous n'avez pas fait – sortir avec des amis danser ou manger avec l'un ou l'une d'entre eux, autant d'exemples qui ne sont pas nuisibles à un couple sain.

Combien d'amis ai-je ainsi perdus parce qu'ils ne peuvent plus sortir, danser, rire, partir en vacances, s'habiller comme ils souhaitent, dire ce qu'ils veulent depuis qu'ils sont en couple ? Mais alors, à quoi sert le couple ? Sérieusement !

Petit test pour savoir où en sont vos amis : s'ils changent de comportement, d'attitude avec vous en présence de leur moitié, qu'ils vous voient à contrecœur, c'est que leur partenaire est jaloux. Quelle belle preuve d'amour ! Reconnaissez-le, il y a clairement mieux !

Alors s'il vous plaît, ne laissez personne, sous prétexte d'amour fou, vous rendre esclave dans votre propre vie.

Quoi de mieux que de sortir tous ensemble, avec vos amis et les siens, pour faire la fête librement sans être toujours collés l'un à l'autre ! **L'amour n'est rien s'il est pris au piège de la jalousie.**

Petit message personnel à toi, le jaloux ou la jalouse : la meilleure façon d'entrer dans la vie de la personne qui t'aime est que lorsqu'elle te propose de partager ses soirées et voyages avec ses amis, tu ne voies pas le mal partout et que vous vous amusiez ensemble ! Ce qui est beau, c'est d'entendre une personne parler de son amour en disant : « C'est mon ami, mon confident, mon amant. » Dans les couples jaloux, il ne reste bien souvent que l'amant. Et, entre nous, nous avons assez d'énergie à fournir dans nos boulots pour ne pas en perdre à appréhender le « retour de flamme » de notre moitié, jalouse de tout et de toutes les personnes (hommes et femmes) qui sont dans notre vie.

Mon conseil : aime-toi et tu n'auras plus peur qu'il aime quelqu'un d'autre. Parce que, au final, de quoi avons-nous peur quand nous sommes jaloux ? Que la personne vive des choses chouettes sans nous, qu'elle nous trompe ? Si tu accuses à tort, fliques, fais des crises de jalousie, tu pourrais bien lui donner envie de fauter pour de vrai (« Après tout, pourquoi pas puisque, de toute manière, je suis d'emblée jugé(e) coupable ! De plus, tu l'obliges à te mentir sur ce qu'il/elle est ou fait par peur d'une énième crise.»). Arrête, sous couvert d'amour, on ne peut pas retenir la personne, l'opprimer, la chapeauter, de l'étouffer comme si tu lui mettais un plastique sur la tête en lui disant : « Chéri, je fais ça parce que je t'aime ! » En réalité, tu ne l'aimes pas. **Aimer, c'est prendre plaisir à voir l'autre heureux et épanoui avec ou sans nous.** Et si tu faisais confiance à la personne qui a choisi de vivre avec toi ? Essaie, et tu m'en diras des nouvelles.

L'hyperattachement, souvent unilatéral

L'hyperattachement, c'est la juxtaposition d'un substantif, « attachement », et d'un préfixe, « hyper ». Ce qui devrait rester un sentiment positif, l'attachement, prend une tournure négative avec hyper, parce que trop, c'est trop, et ce trop ouvre lui aussi la porte à la jalousie qui, nous l'avons vu, est l'un des sentiments les plus destructeurs du couple. En effet, lorsque nous sommes dans l'hyperattachement, nous avons l'impression de ne plus rien pouvoir et savoir réaliser seuls. On trouve que ça ne sert à rien de vivre des choses ou de faire des activités sans l'autre. La sensation de manque est omniprésente. Nous avons le sentiment que chaque moment passé sans l'autre est une perte de temps et d'énergie.

Mais trouve-t-on vraiment son énergie chez l'autre ? Nous avons tendance à le croire car nous pensons que nous ne nous sentons bien qu'en sa présence. Jusque-là, le discours est impeccable mais la réalité est que chacun a sa vie, son âme, ses goûts ; d'ailleurs, comment savoir ce qui nous plaît vraiment et ce que nous avons envie de faire et de découvrir, si nous faisons tout qu'avec, à travers et pour l'autre.

Concrètement, une âme en peine trouve une âme lumineuse et s'y accroche. Le problème, c'est que le pompage ne se fait que dans un sens. Il laisse un des partenaires (celui qui pompe) dans la situation de n'être jamais rassasié, de ne plus savoir avancer sans l'autre. Le pompé éprouve alors un sentiment de pitié et de poids qui l'empêche à son tour d'avancer sereinement.

Si tel est votre cas, demandez-vous d'où vient ce besoin d'hyperattachement. Il se peut qu'il soit dicté par notre société qui nous fait croire qu'une personne qui voyage seule, déjeune seule, vit seule, est une personne perdue, qui n'a pas su se faire aimer, qui est égoïste. Mais ce serait oublier la solitude choisie qui sert à mieux se connaître, à grandir et à écouter son âme et ses envies, non ?

Seul ou accompagné ?

On pourrait penser que la solitude est un mal, mais il est essentiel d'accepter que nous naissions et mourions seuls.

Le sentiment de solitude s'efface au moment même où une personne franchit notre porte. Mais la solitude n'est pas que physique, elle peut être intérieure. C'est ainsi que la solitude psychologique peut se ressentir même lorsqu'il y a des personnes autour de nous. Alors, activez le changement pour choisir les personnalités qui vous correspondent et que vous souhaitez avoir à vos côtés. Pas de bienséance, seul le bonheur compte !

Avez-vous déjà eu cette sensation que les choses ne valent pas la peine d'être vécues si elles ne peuvent être partagées ? Durant mon année de Miss et bien après encore, je n'ai cessé de prendre des photos des chambres d'hôtel, des buffets et des paysages extraordinaires où j'allais, non pas pour moi, mais pour les transmettre aux personnes à qui j'étais attachée et sans lesquelles cette vie paradisiaque mais solitaire perdait un peu de son sel.

Je suis presque sûre que vous avez déjà dit ces phrases : « Partir en voyage, oui, mais je ne vais pas partir seul ! » ; « Je ne vais pas aller au restaurant toute seule ! », etc. La crainte de la solitude traduit parfois un détachement de soi !

Alors, prenez le temps de vous interroger :

- Comment vivez-vous le fait d'être seul ?
- Est-ce que dormir à deux est une nécessité ?
- Est-ce que passer une semaine entière seul vous angoisse ?
- Savez-vous profiter des choses pour vous-même ?
- Avez-vous le besoin de vivre avec une autre personne que vous ?
- Autrement posé, est-ce que le couple est un choix pour le plaisir de vivre à deux ou la solution pour ne pas être seul ?

Puis reconnectez-vous à vous-même pour pouvoir vous suffire.

Le sage a compris que son plus grand allié contre la solitude est… lui-même ! Lorsque nous comprenons que nous avons plus besoin de nous-mêmes que des autres, de notre âme, pour communiquer, s'émerveiller et être en paix, nous nous approchons du bonheur et nous le rayonnons : les autres viennent vers nous, nous pouvons les accueillir, avec leurs atouts et leurs défauts. Nous ne nous sentons jamais seuls, nous sommes comme gonflés par notre pleine présence.

Dès à présent, prenez soin de vous, écoutez-vous. Ceux qui sont sur le chemin de leur éveil spirituel ont choisi, à un moment ou à un autre, d'être seuls avec eux-mêmes.

Pour se découvrir, ressentir,
la solitude est le meilleur moyen de devenir soi.

Les amis

Entre « ami » et « âme », une seule lettre diffère. Plus qu'une simple coïncidence, j'aime y voir une signification. Même dans le silence, même en dormant, le dialogue de deux âmes est authentique. Ce dialogue est pur et rempli d'amour. Jamais deux âmes ne discuteront ensemble du dernier sac à main acheté ou de leur nouvelle voiture ! Le dialogue s'établit sur la concordance de leur essence et de leurs valeurs. Un véritable ami, c'est une personne dont l'âme communie parfaitement avec la vôtre : avec lui, vous vous sentez profondément bien.

Ne cherchez pas vos amis parmi les personnes qui vous sont assorties d'un point de vue physique, qui vous ressemblent ou ont un look identique au vôtre (nous succombons si souvent sans nous en rendre compte à un mimétisme rassurant). Qu'importe s'ils pratiquent ou non le même sport que vous ou évoluent dans la même catégorie sociale ! Ces aspects-là sont des caractéristiques matérielles, des traits qui ont une date de vie limitée ; ils ne sont pas à prendre en compte pour sceller une amitié. Peut-être aurez-vous la chance dans votre vie de rencontrer votre âme sœur, cette personne qui sera à la fois votre meilleur ami et avec qui vous ferez votre vie. Encore faut-il être capable de percevoir les âmes avec qui nous pouvons nous assembler. C'est ce que l'on appelle notre « famille d'âmes ».

Les familles d'âme

Les membres de ces familles ne sont pas forcément terrestres. Ainsi, peut-être que vos parents ou vos frères et sœurs ne font pas partie de la même famille d'âmes que la vôtre, ce qui explique bien des disputes familiales, des éventuels éloignements et des vies parfois à l'opposé. Ils ont pourtant le même sang et ont été élevés avec les mêmes principes, valeurs et habitudes. En revanche, vous avez sûrement déjà rencontré des personnes extérieures à votre famille que vous considérez très vite comme un frère, une sœur, votre grand-père ou votre grand-mère… de cœur. De cœur et d'âme, assurément ! Parfois, une personne s'impose à vous de manière inopinée dans votre vie, comme une évidence, un cadeau, le signe de la toute-puissance de cette force universelle qui est au-dessus de tout. Il suffit d'être ouvert, en mode réception de messages.

Les membres d'une même famille d'âmes n'ont pas forcément la même mission, cependant, elles se comprennent intimement et s'entraident. Une âme amie le restera, dans cette vie et au-delà. Je dirais même plus, des âmes amies peuvent devenir des amis, des amants ou un parent dans une autre vie. C'est ainsi que certaines personnes rencontrées depuis peu vous semblent particulièrement familières, comme si vous les connaissiez depuis toujours ! Les âmes amies se suivent et évoluent ensemble tout au long de leurs différentes missions. Elles demeurent connectées et continuent au-delà de nos enveloppes physiques à nous aider, à nous guider : ce sont nos « anges gardiens ». Il suffit de savoir les écouter (voir page 225). Chacun d'entre nous a les siens, en fonction de sa famille d'âmes.

Tous ceux qui s'aiment

Édith Piaf chantait « Dieu réunit ceux qui s'aiment ». Qu'on soit athée ou non, une puissance supérieure réunit les âmes qui s'aiment. Quant aux âmes ennemies, l'univers se charge de les balayer de notre vie. Ne vous battez pas contre cela, n'essayez pas de recoller les morceaux, cela ne vous apporterait rien. Lorsqu'un couple ou une amitié sont compliqués, n'allez pas contre les signes que vous envoie l'univers. Écoutez votre âme, elle guidera vos pas vers les bonnes personnes qui vous feront du bien. Pleinement et sereinement.

Nous étions si différents, et pourtant, quelle communion entre nous ! Lui n'envisageait les plats qu'à base de viande et de nouilles, les légumes étaient un détail un peu contraignant, et même s'il en cultivait, il laissait ça aux autres ! Producteur de lapin, poule et dinde, il était également chasseur… J'ai grandi en voyant ces photos chez lui où, tout sourire il posait devant une famille de sangliers aux museaux ensanglantés avec une branche de sapin dans la gueule. Il y avait aussi des trophées de biches, blaireaux, renards et autres cervidés. Malgré cela, je l'aimais tellement mon grand-père… mais cela restait un mystère pour moi : comment pouvait-on avoir un cœur si grand que le sien, des gestes si doux malgré des mains si rugueuses de vieil agriculteur et une passion pour tuer les animaux qui vaquent à leurs occupations paisiblement dans nos forêts dégarnie de France ? Tout combat se fait normalement à armes égales, mais un museau brillant n'a guère de chance face au canon d'une carabine. Une queue rousse et un poil aussi flamboyant soient-ils ne pourront jamais gagner face à des chiens entraînés au combat, plus excités par le sang que par les câlins de leurs maîtres. La complicité entre l'homme et son meilleur ami ne pourrait-elle exulter autrement que par les traques en forêt ?

Avant chaque jour de chasse, je lui faisais promettre de ne pas tirer, de manquer volontairement les animaux. Souvent, il me le promettait. Le faisait-il ? « Papapa » était la mascotte de son équipe de chasse, tous plus jeunes que lui.

Les années passant, ses amis le charriaient de tirer à côté des proies à cause de sa mauvaise vision ; moi j'aimais à penser en le regardant complice, que c'était sa manière à lui de me prouver que les liens entre nos deux âmes étaient plus forts que le « qu'en-dira-t-on ». Et peu importe la différence d'âge, les liens familiaux, le mode de vie et le temps passé ensemble. Il y a des personnes qui marquent vos vies de manière si positive et profonde que c'est peut-être elles qui vous amènent à votre mission.

Mes outils et mes bulles de confort

Avant d'atteindre la dernière étape, le « mont Soi », et de profiter du panorama de votre bonheur, j'aimerais vous partager les conseils et les techniques qui m'ont permis d'être celle que je suis aujourd'hui. Une bulle de douceur et d'optimisme pour accéder à votre nouvelle vie !

Apprendre à s'aimer

Les contes que l'on nous lit dans notre enfance nous laissent entendre que le but de la vie est de trouver son prince (ou sa princesse) charmant. Si on ne le trouve pas, on vit comme en veille, on attend le jour où enfin, on sera deux pour commencer à vivre.

Mais pourquoi ne nous dit-on pas dans les livres que l'amour, le vrai, doit d'abord se vivre par l'amour de soi ? Car c'est bien avec nous que l'on va vivre !

Or, dès le plus jeune âge, on ne nous apprend pas vraiment à nous aimer, on nous apprend même à complexer. On a tous les mêmes souvenirs à l'école : dessiner sans dépasser, entendre sa note à haute voix devant toute la classe, se comparer, avoir de bonnes notes… La scolarité n'a de cesse de nous montrer que nous sommes imparfaits, qu'il est toujours possible de mieux faire. À l'âge adulte c'est la société qui prend le relais.

En ce qui concerne l'amour, nous le projetons sur une figure d'autorité comme celle des parents, qui ordonnent, conseillent et nous semblent alors les experts les plus proches de la perfection. Et même si ce n'est pas vrai, nous les aimons sans concession ! Mais revenons à l'autre figure de perfection qu'on nous promet un jour, à nous, les filles : le prince charmant, l'homme idéal, ou plutôt l'amour parfait puisqu'il s'agit de l'homme de notre vie !

Las ! Dans la vraie vie, le cheval du prince n'est pas toujours blanc, alors qu'on nous avait promis l'inverse ! Forcément, nous sommes déçues. C'est ainsi que se forment les ruptures, pour cause d'image non contractuelle. Bye bye le partenaire idéal ! Nous voici (à nouveau) en quête de l'être parfait, seule possibilité de vivre l'amour…

Inutile de le chercher pendant des années, l'amour est là, et pas forcément dans l'association de deux personnes. L'amour est d'abord en nous et pour soi. C'est seulement lorsque nous sommes suffisamment gonflés d'amour que nous pouvons le diffuser et le partager sereinement. De cette manière, nous accepterons que telle personne rencontrée sur Tinder, au supermarché ou bien chez notre meilleure amie soit aussi imparfaite que nous-mêmes. Ce ne sera pas un problème puisque rempli de notre propre amour, nous ne serons pas en demande exclusive, mais plutôt en accueil de ce qui viendra. Ainsi, si nous nous aimons profondément, nous n'aurons pas à demander au prince charmant, au super-amant, à Alexis, Julien ou Clara, de nous donner ce que nous avons toujours attendu depuis que nous sommes enfants.

Vous voulez un scoop ? Trouver le prince charmant des contes relève de la mission impossible : n'importe quel candidat, le pauvre garçon, sera *game over* avant même d'avoir commencé la partie.

Si seulement on nous disait que l'amour de soi
est la condition sine qua non pour aimer l'autre,
il y aurait peut-être un peu moins de séparations !

Retrouver confiance en soi

Sur mes réseaux, je vous ai demandé il y a quelque temps si vous aviez confiance en vous. Vous avez répondu à 95 % par la négative. Mais comment une personne peut-elle ne pas avoir confiance en un champion ? Car vous êtes un champion, le champion de la course de la vie que beaucoup ont essayée et que vous seul avez réussie. Je parle de votre naissance ! Dans cette course folle des spermatozoïdes, vous aviez pourtant moins de chance d'avoir la première place que de gagner à l'EuroMillions. Et pourtant, vous avez été l'élu de votre catégorie. La naissance est en cela une victoire incroyable : vous avez gagné votre place pour VIVRE votre vie, pour le bien du tout, des autres et de vous-même. **Alors, ne laissez pas les autres vivre et décider votre vie à votre place.**

Chacun a sa vie à lui. Il est hors de propos et inutile de juger les choix ou les comportements des autres et de vous-même.

Peut-être que par manque de confiance, vous avez envie de ressembler à quelqu'un d'autre, mais vous risquez de devenir invisible : avoir les attributs de l'autre, que lui seul peut utiliser, vous rendra maladroit. Quel dommage de ne pas vouloir briller dans votre catégorie ! Vivez avec le grand V de la victoire de la vie, celle de votre naissance, et débarrassez-vous de la peur du regard de l'autre, de son jugement, mais aussi de ce vilain péché qu'est l'envie (de ressembler à l'autre et d'avoir sa vie) : cette quête sans issue mène immanquablement à une frustration et révèle un regrettable manque d'intérêt pour sa propre vie. Prenez du recul, la vie affichée sur les réseaux vous montre des images trop parfaites pour être vraies !

Aie confiance, crois en toi

La crainte du jugement de l'autre et celui que l'on porte sur soi viennent du fait que nous ne nous aimons pas. Le sentiment du manque d'amour, celui de ne pas en recevoir en quantité suffisante fait que nous sommes dans l'impossibilité de diffuser de l'amour à notre tour. Il laisse vite place à un manque de confiance en soi : je ne suis pas aimé, je suis moins suivi qu'untel, j'ai moins de likes, j'aime plus qu'on ne m'aime, etc. Comme si les cœurs sur nos écrans ou le nombre de pouces bleus pouvaient nous renseigner sur l'amour des autres et celui que nous nous portons…

Ce manque de confiance et d'amour pour vous-même peut vous faire quitter le navire. Vous ne vous respectez plus et tolérez des situations qui vous sont néfastes. Enlisé, vous vous complaisez dans une situation instable où se plaindre est le meilleur moyen d'attirer l'amour et la pitié de l'autre, pensez-vous.

Le manque de confiance en soi vient d'une blessure, consciente ou inconsciente : vous avez peur d'être jugé, mal aimé et rejeté. Vous pourrez guérir le jour où vous comprendrez que l'amour se trouve et se cultive d'abord en soi : nous possédons tous les graines en nous. Ces graines d'amour, certains savent les faire germer, les arrosent, d'autres ont la main moins verte. Pourtant, si chacun comprenait qu'une place lui est attitrée sur cette terre, qu'il est nécessaire et utile à sa mission, qu'il a des atouts et des qualités uniques, il pourrait enfin récolter les fruits du bonheur. En s'aimant vraiment et profondément, sans angoisse et peur du regard de l'autre, chacun pourra devenir qui il est et affirmer son être !

Le manque de confiance en soi ne provient pas de quelque chose d'intime, mais du regard de l'autre.

Le problème n'est pas tant la couleur des yeux, les battements de cils que la perception que nous avons du regard posé sur nous…

Peut-être en concluez-vous que le manque de confiance en soi se manifeste plutôt chez les personnes égocentriques, qui ont une grande estime d'elles-mêmes. Obnubilées par la vision de l'autre en train de les regarder, elles en oublient d'échanger avec lui, de découvrir ses bagages, ses atouts et ses lacunes.

Arrêtons de penser que le manque de confiance en nous est seul responsable, qu'il nous empêche d'avancer, de réaliser des choses dans nos vies, parce que nous concentrons une énergie folle à regarder l'autre nous regarder ! Cultivons plutôt un magnifique et riche jardin intérieur qui donnera envie à l'autre de s'y promener !

Cassons ces chaînes installées depuis trop longtemps et apprenons aux enfants que nous avons tous notre propre essence, qu'il n'y a pas de comparaison possible entre chacun de nous. Il est important de le verbaliser : « Parle-moi de toi en transparence, nous sommes différents, tu es toi, je suis moi, je ne te juge pas. »

Chers tous, vous êtes nés champions de votre catégorie, inutile de vouloir celle de l'autre, puisque vous avez été choisi pour exceller dans la vôtre ! Néanmoins, tout n'est pas joué. Si tout était écrit par avance, vous n'auriez pas de trophée. Pour gagner le vôtre, je vous propose de remporter cette course non pas par la vitesse, mais par une randonnée, celle de votre vie, longue, sinueuse, amusante et parfois complexe. En chemin, votre enveloppe terrestre découvrira pourquoi et comment votre âme a décidé de venir l'habiter. Concentrez-vous sur votre mission : champion, pour quelle action bénéfique vous a-t-on fait gagner votre naissance ?

Le pouvoir de la pensée positive

Nous avons beaucoup d'enseignements à tirer de la nature. Nous avons vu que les arbres, comme nous, communiquent entre eux, à une différence près : une fois plantés, ils doivent composer avec les individus à côté d'eux. En ce qui nous concerne, nous avons le choix, la possibilité de nous déplacer lorsque nous sommes à côté d'une personne qui suce notre sève, notre énergie.

Il est primordial pour notre moral de vivre à côté de gens qui sourient, qui sont optimistes et nous remontent le moral lorsqu'il le faut et réciproquement.

Être dans un équilibre d'union de personnes qui se tirent mutuellement et en permanence vers le haut. C'est pourquoi, pour notre propre bien, essayons la « pensée positive », en formulant des phrases positives, dont le propos est de modifier en bien notre vision sur nous-mêmes et les autres. Ce n'est pas inné, mais c'est un exercice qui, à force d'être pratiqué, nous permet de plus en plus naturellement de voir surtout le positif de ce qui nous entoure. Cette pensée est active et rayonne autour de nous.

Gardons à l'esprit que nos pensées deviennent nos paroles et que nos paroles deviennent nos actes.

La somme de nos actes et pensées détermine l'image que nous renvoyons aux autres. La pensée positive est, comme son nom l'indique, avant tout une pensée. Je vous propose de la matérialiser et de la verbaliser. Ainsi, une personne qui se force à sourire pour aller mieux donne à son cerveau l'information du bonheur. Ça marche aussi avec le rire ou en disant à haute voix des phrases positives. En les répétant de façon motivée et avec force, en les visualisant, nous aidons à leur réalisation.

Qu'il est incroyable, le pouvoir de la pensée positive ! Il permet, par le simple changement de vocabulaire, de l'intention posée, du ton, de l'énergie des phrases envoyées à notre interlocuteur et à l'univers, de faire changer les choses, les relations !

Si vous formulez négativement vos phrases, vous mettez votre interlocuteur dans un inconfort émotionnel. De votre message, ne sera retenu qu'un aspect négatif alors même que le fond était positif. Pour que vos paroles soient bien perçues, utilisez une formulation positive.

En ce qui concerne vos projets, le fait d'exprimer les choses positivement leur confère une forte potentialité de réalisation, de manifestation.

Affirmations positives, mode d'emploi

- Formulez vos phrases à la première personne et au présent.
- Évitez le « ne… pas » (voir la communication bienveillante, page 198).
- Souhaitez et affirmez des choses bonnes pour vous, pour l'univers, sans entraver personne.

Je vous donne quelques exemples pour commencer. À vous de trouver les vôtres :

- « Je suis fort » ;
- « Je suis heureux et confiant » ;
- « Je suis en paix » ;
- « Je me libère des personnes qui ne sont pas bonnes pour moi » ;
- « Je laisse entrer dans ma vie les personnes qui m'aident à devenir qui je suis » ;
- « Je suis serein et détendu » ;
- « Je suis l'auteur de ma propre vie ».

Vivre le moment présent

Voici une de mes clés favorites : vivre dans le moment présent, et non pas dans le passé ni le futur. Certaines personnes redoutent la mort, d'autres l'acceptent comme le cycle naturel des choses. Qu'importe l'âge, l'essentiel est de prendre conscience que nous sommes tous mortels. Vous vous demandez où je veux en venir ? Il s'agit simplement de comprendre que **nous avons tous un compte à rebours qui nous est propre**. Ne perdons pas de temps, vivons, ressentons et disons plus souvent « je t'aime ». **Vivons comme si c'était le dernier jour de notre vie, vivons comme si c'était le premier…** Lorsque le premier et le dernier jour se mêlent, nous sommes tout simplement dans le moment présent, celui où il faut jouir de sa vie, de son entourage, de son quotidien et même de son travail. Et si celui-ci ne vaut pas le coup d'être exercé dans ce moment présent, c'est qu'il n'est pas le bon pour vous ! Mille et un métiers, mille et une formations, mille et une missions humaines existent sur terre. Le bonheur, c'est profiter au maximum de ce temps présent, pas de celui du passé qui ne reviendra plus, et pas celui d'un futur hypothétique.

À donner trop d'importance aux blessures du passé et à l'angoisse du futur, on oublie la beauté du présent.

Petit exercice pour être dans le moment présent

- Mettez-vous dans un endroit au calme et coupez-vous de toute sollicitation extérieure.
- Acceptez de mettre de côté votre flux de pensées (travail, soucis, tâches, etc.).
- Ressentez la température sur votre peau, la caresse de l'air, du soleil, observez ce qui se trouve en face de vous (paysage, bougie, etc.).
- Puis ressentez l'air qui entre et qui sort de vos poumons, de vos narines.
- Lorsque vous inspirez, pensez et dites « ici », et lorsque vous expirez, dites « maintenant ».
- Répétez plusieurs fois cette prise de conscience et vivez ce moment pour vous.

Lâcher prise en dessinant

En dessin, il y a deux clans : les artistes et « ceux qui ne savent pas dessiner ». Enfin ca, c'est ce que pensent la plupart des adultes qui vivent beaucoup trop avec leur mental et la peur d'être jugés, ou qui n'ont pas de temps à perdre à colorier parce qu'ils ont « tant à faire ».

Demandez à des enfants de dessiner, ils ne feront pas les difficiles et laisseront libre cours à leur imagination. Bien sûr, tous les dessins ne seront pas des chefs-d'œuvre, mais aucun enfant ne dira qu'il ne sait pas dessiner, il dessinera, tout simplement.

Il dessinera aussi parce qu'il ne sait pas forcément encore écrire des lignes pour formuler ce qu'il ressent et parce qu'il ne dispose encore que d'un vocabulaire restreint pour dire. Alors l'enfant dessine, c'est un moyen de communication, d'extériorisation, il cultive ainsi son imagination et sa créativité.

L'essor récent des dessins mantras et autres coloriages pour adulte laisse penser qu'il a lui aussi envie de retrouver ses crayons de couleur, même s'il a besoin aujourd'hui d'être guidé par des formes prédessinées.

Le dessin est un espace de liberté, autorisez-vous un vrai bloc de papier Canson, vierge de tout cadre et modèle à reproduire, et laissez vos doigts prendre le contrôle de votre boîte de peintures, de feutres ou de crayons aux couleurs tendres et confortables. Si vous avez gardé votre ancienne trousse, votre imagination et votre légèreté vous attendront à coup sûr à l'intérieur. Bons coups de crayon !

Prendre soin de nos émotions

L'alimentation et l'exercice permettent de garder un corps sain. Mais portons aussi une attention particulière à nos émotions, qui peuvent être à l'origine de nos maux comme être plus efficaces que certains médicaments. En effet, des émotions positives telle la joie produisent des endorphines qui agissent comme un antidouleur. La gestion des émotions fait partie de notre cheminement pour nous rapprocher de notre âme et de notre épanouissement. C'est la meilleure façon de se mettre dans la boucle vertueuse de la loi de l'attraction : l'énergie, l'émotion que j'envoie autour de moi me reviendra ; ainsi, si je suis joyeuse, j'attire la joie. Si j'ai des pensées négatives, j'aurai des expériences négatives.

La vie est un jeu

Le taux vibratoire de nos émotions a un impact sur notre santé, il est essentiel de se débarrasser des émotions négatives. Défoulez-vous et faites-les sortir !

Courir, sauter, jouer comme si vous étiez un enfant, sans retenue, fait un bien fou : criez, faites des bruits d'animaux, des roulades, bref, des choses insensées pour un adulte, mais si rigolotes pour un enfant. Faites-le avec un enfant justement, ou un animal, ou organisez un cache-cache loup entre amis !

La vie est une expérience, un jeu avec des cartes à jouer ; vous avez des atouts, alors placez-les ! Vous avez le droit de vous tromper, essayez encore et encore, sans culpabiliser, chaque jour est un apprentissage et vous fait progresser.

N'ayez plus peur du temps qui passe ;
s'il passe, c'est que votre jeu est excellent.

Rire de rire

Voici un exercice fantastique à réaliser, pourquoi pas dès à présent, avec un ami avec qui vous êtes complice.

Posez-vous en face de lui et que le plus courageux des deux commence à rire. Si l'on vous demande de rire sur commande, vous lâchez un : « Ha, ha, ha ! » Petit à petit, votre ami répond à vos rires. Ensemble, vos rires de comédiens se transforment en vrais rires et bientôt en fous rires. Quand on sait que dix minutes de rire par jour équivalent à une heure de relaxation et autant de gainage, ce serait bête de s'en priver !

Se dire les choses

Souvent, on dit aux enfants de ne pas venir rapporter lorsqu'ils se chamaillent entre eux. Pourtant, les enfants ne détiendraient-ils pas la clé de la communication ? Vous connaissez le proverbe « la vérité sort de la bouche des enfants » : il est très souvent vrai, car ils expriment ce qu'ils ressentent au moment où ils le ressentent, sans gêne et sans souci de politesse.

J'ai toujours aimé la communication. Je me souviens qu'enfant, j'étais triste quand j'entendais mes parents se disputer ; je les voyais chacun dans leur coin ruminer, entre deux tentatives de communication qui produisaient beaucoup de bruit. Ma plus grande crainte était que mes parents se séparent, alors j'endossais naturellement le costume de psychothérapeute de couple (ça vous fera un Kinder maxi la séance !). Je les suppliais de s'asseoir avec moi à table et je dessinais deux colonnes : « Papa, pourquoi tu en veux à Maman ? » et « Maman, pourquoi tu en veux à Papa ? » Je chargeais sur mes frêles épaules des histoires de grands. Fillette Capricorne, quelle énergie je déployais !

Aujourd'hui, j'en souris car mes parents forment toujours un couple uni. Je comprends mieux aussi les histoires des adultes depuis qu'à mon tour, je suis en couple. Ancienne psychologue Kinder maxi, même s'il peut y avoir des étincelles, ce souvenir m'a appris à mieux communiquer avec la personne avec laquelle je partage ma vie.

Bien sûr, ce n'est pas aux enfants de nous faire prendre conscience d'un problème de communication, et encore moins à eux de le résoudre. Avec le recul, je ne renie pas mes tentatives passées, j'avais l'impression que c'était ma mission à ce moment-là. Il ne faut jamais tourner en dérision les actes qui nous ont semblé justes à un moment donné de notre vie, sous prétexte que l'on a fait du chemin depuis qu'on a appris et qu'aujourd'hui les montagnes d'hier ne sont que des petits tas de terre. **Les expériences ont joué leur rôle, les choses sont acquises.**

Et vous, comment communiquez-vous ? Communiquez-vous assez ? Communiquez-vous de la bonne manière ?

La communication non verbale, plus forte que les mots

Avez-vous déjà observé, attentivement, le visage de votre interlocuteur quand vous parlez ? Il se peut qu'il fronce les sourcils en vous écoutant (il perçoit peut-être la difficulté que vous avez à vous exprimer). Peut-être vous fuit-il du regard, et que vous offrez tous deux le miroir d'un dialogue gênant entre deux êtres gênés ? Peut-être a-t-il les yeux rieurs et un sourire posé sur les lèvres parce que vous êtes en train de lui raconter un événement positif ou une blague ?

Les communications sont à 99,8 % non verbales, le contenu importe parfois peu. La confiance, la complicité, l'affection, l'empathie ou encore la gêne entre deux personnes ne se ressentent pas tant dans les phrases formulées que dans l'attitude corporelle, les regards, les gestes, le froncement de sourcils ou le pincement des lèvres.

Démonstration ! Alors que vous êtes avec des personnes que vous aimez et avec lesquelles vous vous sentez en sécurité, avez-vous parfois le sentiment que vous avez du mal à capter leur attention en leur parlant ? Ou avez-vous la désagréable impression de faire un flop en intervenant après un éclat de rire général ? Vous n'avez sans doute pas la même énergie que le groupe, cela peut s'expliquer par le choix de votre communication.

La communication bienveillante

La communication bienveillante permet qu'il n'y ait pas de mauvaise interprétation ni de susceptibilité froissée, que le fond de votre pensée soit positif ou non.

Comment ça marche ? Pour vous comme pour l'autre, employez uniquement des tournures positives. Vous constaterez que vos phrases résonneront différemment dans votre esprit et qu'elles seront prises avec une légèreté incroyable.

- Exemple : à la question « veux-tu du café ? », deux réponses sont possibles. La première : « Non merci, je n'aime pas le café, je n'en veux pas. » La négation est presque anodine et pourtant, la présence du « ne » apporte une mauvaise énergie dans la phrase. Car cette réponse stoppe net la discussion, la personne ne peut que répondre ou penser « ah, mince ! ». C'est donc une microdéception-frustration. La seconde, à préférer : « J'adore le thé, c'est possible d'en avoir ? » La personne répondra à coup sûr par la positive et sera ravie de vous présenter sa boîte d'assortiment de thés ou tisanes !
- Autre exemple : vous êtes en retard et l'on vous dit : « Tu ne pouvais pas venir à l'heure ? » Difficile de répondre à ce reproche. Il aurait mieux valu vous dire : « Je préfère quand tu es à l'heure ! » (et non pas : « Je préfère quand tu n'es pas en retard ! »).

Ces petites nuances peuvent empêcher un sentiment négatif de jugement lors d'une conversation. De même, pour vous et pour votre interlocuteur, mieux vaut une phrase comme « c'est une occasion d'essayer ! », plus positive que « je n'ai jamais fait ça ».

Cet angle est à privilégier, y compris lorsque l'on parle à soi-même : « Quelles sont les solutions pour sortir de cette situation ? » vous angoissera moins que de penser : « Comment ai-je fait pour en arriver là ? »

Rappelez-vous, nos pensées créent nos paroles, nos paroles nos actes. Ainsi, nos actes influent sur la façon dont nous sommes perçus et cette perception nous cantonne à l'image que nous avons de nous-mêmes. C'est ainsi que nous devenons la personne que nous pensons être, et pas forcément la personne que nous sommes réellement ! Gare aux croyances limitantes (voir page 162) !

Libre à nous de penser ce que nous voulons. Voilà pourquoi la communication bienveillante est précieuse : elle nous permet d'explorer toute une palette de mots de notre belle langue, pour nous permettre d'exprimer au plus juste nos pensées, pour transmettre d'esprit à esprit nos pensées les plus pures, précisées et créatives, comme un cadeau à l'autre.

Certes, il y a des moments où nos émotions ne nous permettent pas de penser positivement. Mais cet état n'est que passager, préférez utiliser un présent d'instantanéité : « Je me sens triste » plutôt qu'un présent de vérité générale : « Je suis triste. » Inconsciemment, vous sortirez beaucoup plus vite de votre mauvaise passe émotionnelle.

Si vous parlez avec un ami qui vous dit : « Je suis nul », difficile d'avoir une discussion après une telle affirmation, hormis lui dire : « Mais non ! ». C'est un vrai cul-de-sac dans lequel votre interlocuteur plaintif se met et vous emmène. Il se complaît dans sa phrase, alimente son sentiment négatif envers lui-même en utilisant cette tournure… qui devient réelle. Vous voilà impuissant face à un ami « nul ». En revanche, s'il utilise la tournure « je me sens nul », vous pourrez rebondir et l'interroger sur ce sentiment : d'où vient-il et comment peut-il penser et agir pour en sortir ? Ne lui demandez pas : « Qu'est-ce que tu pourrais faire pour ne pas te sentir nul ? » (pas de « ne » et de « pas » !), dites plutôt : « Que pourrais-tu faire pour te rendre fier de toi, pour te sentir utile ? »

N'hésitez pas à reprendre et corriger une personne qui vous est chère lorsqu'elle emploie à mauvais escient le « Je suis ». « Je suis » est une affirmation très active ; ainsi, l'adjectif que vous lui apposerez deviendra physique : avec un « je suis », vous pouvez changer votre réalité, changer de vie ! Réservez-le uniquement pour l'accoler à des adjectifs positifs et créatifs, qui parlent du présent ou de la personne que vous souhaitez devenir.

La personne qui intuitivement utilise « je me sens » pour exprimer ses douleurs a compris que sa situation n'est que temporaire, elle est déjà sur le chemin de la guérison.

Terminez vos échanges en expliquant à cette personne qui traverse un moment inconfortable que sa vie est unique, qu'elle a une mission qui l'attend, qu'elle doit se connecter à elle-même. Promettez-lui que son bonheur l'accompagnera durant tout le chemin de réalisation de sa mission !

Écrivez-moi, mais surtout, écrivez-vous !

Depuis des années, vous m'écrivez beaucoup de lettres et quantité de messages, et il m'est bien difficile de vous répondre à tous. Avec ce livre, je m'adresse à mon tour à vous. Si je peux converser avec vous sur les expériences que j'ai vécues, c'est parce que j'ai depuis presque toujours des carnets dans lesquels j'écris.

Les carnets de notes, un concentré de vie

Je crois que j'ai commencé mon premier journal intime au CM1, après la récolte des cerises avec ma maman dans le jardin. Nous avions vu passer un garçon de mon village, âgé de 3 ans de plus que moi, autant dire un grand. Jusque-là, je ne l'avais jamais vraiment « vu ». Mais ce jour-là, ce fut un coup de foudre ! Rêveuse, je n'ai pas cueilli beaucoup de cerises mais je souriais… Ma mère a compris que sa petite fille était amoureuse. De retour dans ma chambre, j'ai pris un cahier et j'ai commencé à écrire à toute vitesse sur les pages blanches. Ma main n'allait pas aussi vite que ma tête lui dictait ! D'autres journaux intimes ont accompagné les grandes périodes de ma vie. Le premier porte le nom de ce garçon, le deuxième écrit à l'entrée au collège porte le nom d'un autre, puis il y a celui tenu à l'adolescence, ou plutôt deux tant j'avais à écrire ! S'ensuit celui de la préparation au concours de Miss France, puis celui de l'année de mon règne, tous deux suivis de carnets, au nombre de dix je crois, l'avant-dernier avec beaucoup de tumultes, de joies et de larmes. L'actuel est enfin plus juste et plus serein.

Tenir un journal pour savoir qui l'on est

Le journal intime est un cadeau précieux
que l'on se fait à soi-même.

J'ai toujours eu peur d'oublier, d'avoir seulement quelques vestiges de souvenirs… Cette prise de conscience m'est venue jeune, en voyant ma grand-mère atteinte de la maladie d'Alzheimer. Tenir un journal, intime ou pas, c'est ne pas s'oublier. Parce qu'avec le temps, nous oublions forcément des choses, des sensations et des moments de notre vie. Il y a toujours une partie qui peut passer à la trappe, à moins que des personnes ayant été présentes à ce moment-là nous les fassent remonter à la surface : « Tu te souviens que tu…, quand on… ? ». Ces moments accessibles à la mémoire, non écrits, sont le plus souvent retranscrits sous le prisme du souvenir, qui gomme le vrai ressenti du moment passé. Ainsi, les optimistes ne gardent du passé que les bons souvenirs tandis que les moins optimistes n'engrangent que les événements les plus douloureux. Et les nostalgiques alors ? Pour eux, tout est fonction de leurs humeurs : tantôt ils embaument leurs souvenirs comme pour scénariser un film, tantôt ils laissent peu de chances au présent et au futur de faire mieux que le passé.

Tenir un journal, c'est coucher sur le papier des événements de votre vie, positifs comme négatifs, sans rien cacher des sentiments ou sensations éprouvés à ce moment-là. C'est le moyen le plus sûr de pouvoir s'y replonger et de ressentir l'émotion d'alors intacte, comme si vous y étiez. Avec l'expérience que les mois et les années amènent, vous pourrez constater le chemin parcouru.

Lorsque nous voyons d'où nous venons,
il est possible de se situer et de savoir où nous allons.
Si les photos figent une image et des apparences,
les écrits figent les sentiments de l'âme.

Le journal intime n'a d'autre but que d'être relu par son auteur. Peut-être que vous ne relirez que des passages, peut-être que vous ne relirez jamais rien. Le journal intime sera alors simplement une façon d'écrire sans filtre ce qui vous arrive, comme un exutoire pour décharger votre trop-plein d'émotions.

Je me souviens d'un temps où chaque famille avait un téléphone fixe : lorsque je voulais téléphoner à ma meilleure amie du CM1, je devais demander la permission à mes parents, passer ensuite par les siens, et après 20 heures, ce n'était plus possible. Mon journal prenait le relais et me permettait de raconter sans plus attendre mes émois à cette plume attentive qui était la mienne. Aujourd'hui, en voyant mon écriture de l'époque, je me dis que j'ai dû écrire vite, il m'est presque impossible de me relire ! Pourtant, toute l'énergie de mes 10 ans y est intacte… L'écriture a ce pouvoir.

Reconnectez-vous à l'enfant que vous étiez

Plus les bancs de l'école s'éloignent, plus nous devenons adultes et plus nous nous prenons au sérieux. Nous perdons parfois la simplicité des choses, celle de nos envies : nous avons ainsi plus envie de pâtes aux truffes que de coquillettes au beurre ! Pourtant, il est bon parfois de se reconnecter à l'enfant que nous étions et que nous sommes encore.

Comment ? En convoquant nos souvenirs, non pas pour les ressasser, mais plutôt en nous concentrant, pour regoûter ces petits bonheurs comme nous les percevions avec nos cœurs, nos âmes et nos têtes d'enfant.

- Rappelez-vous les odeurs que vous aimiez et qui vous apportaient de l'émotion (le parfum de vos bonbons préférés, de la barbe à papa, de la maison de vos grands-parents…), ce sont vos madeleines de Proust. Souvenez-vous aussi des fois où vous courriez, jouiez au loup ou à cache-cache. Souvenez-vous même de vos genoux souvent meurtris et de la sensation que vous éprouviez lorsque vous tombiez mais que vous ne vouliez surtout pas pleurer devant vos copains. Souvenez-vous encore du brouhaha à la cantine, du parfum de votre maman ou peut-être de l'odeur de vos poupées. Souvenez-vous encore du sentiment que vous éprouviez le premier jour des grandes vacances…
- Tous ces souvenirs sentimentaux, écrivez-les. Rafraîchissez ces sensations pour ne pas les oublier, fermez les yeux et respirez profondément, couché sur votre lit. Entendez la voix de vos grands-parents ou de votre institutrice, réactualisez toutes ces informations, toutes ces sensations mises en sommeil qui font que vous êtes celle ou celui que vous êtes aujourd'hui.
- Puis, demandez-vous ce que l'enfant ou l'adolescent que vous étiez penserait aujourd'hui de l'adulte que vous êtes devenu : est-il en accord avec ce qu'il voulait vivre ? Est-il fier de ce qu'il est devenu aujourd'hui ? Y a-t-il quelque chose qui ne s'est pas réalisé comme prévu ? Pourquoi ? Comment faire pour rendre absolument fier l'enfant que vous étiez ?
- Pour finir, posez-vous la question de savoir ce que vous diriez aujourd'hui à l'enfant que vous étiez : « Peut-être étais-tu un peu trop timide ? Ou, au contraire, trop dissipé ? » Surtout, ne soyez pas dur avec vous-même. Ici, il convient de constater certaines choses telles qu'elles sont, pas de les juger ni de les fuir.

L'enfance à portée de main

Avec un ami, votre conjoint ou votre enfant, replongez dans ce que vous aimiez faire par-dessus tout lorsque vous étiez petit : cache-cache géant, course pour s'attraper et rire fort, crier, aller en forêt, jouer au bord des cours d'eau, construire une cabane, faire du vélo, dessiner, peindre ou faire de la pâte à sel… La dernière fois que je l'ai fait, c'était la veille du premier confinement de 2020 : nous avons marché avec mon compagnon de chez moi à chez mes parents, en passant par les champs uniquement. Il n'y avait personne, le monde était à nous, j'avais l'impression d'avoir 12 ans ! Nous avons traversé des rivières en les sautant comme des enfants et en mouillant nos chaussures. Nous nous sommes émerveillés de chaque nuage, de chaque chant d'oiseau. Mon amoureux m'a dit que ça faisait longtemps qu'il ne m'avait pas vue aussi radieuse. Le temps d'une journée, j'ai eu accès à mes bonheurs d'enfant.

Comprendre ce qui s'est joué et le régler

Nous avons tous des blessures qui viennent de notre enfance, des moments que nous n'avons pas su comprendre et qui restent parfois difficiles à accepter. Comme nous le faisons avec un livre familier, il est parfois utile de revenir sur certains chapitres, de se relire, même plus tard, même une fois devenus adultes, pour pouvoir ajuster, corriger et exprimer au plus juste ce que nous voulions dire à l'époque : comprendre ce qui s'est joué pour essayer d'être en paix.

Enfant, il est difficile de verbaliser. Il y a aussi des manques ressentis ou des manquements de nos parents que nous n'avons pas relevés ou exprimés, par timidité, par peur ou parce que « c'était comme ça ». Les parents n'ont pas toujours le temps, ils doivent travailler, eux aussi ont leurs problèmes… Mais l'enfant qui s'entend dire : « Je n'ai pas le temps de jouer avec toi, moi aussi j'ai du travail » ou « On n'a pas le temps de pleurer, on a tous ses problèmes » n'est pas soulagé. Laissé en suspens, le manquement peut rejaillir des années plus tard.

Nous avons le droit d'avoir ressenti des choses à certains moments de l'enfance. Ce droit ne doit pas être pris pour un jugement (« Pour nous, dans le temps ce n'était pas facile alors tu ne vas pas encore te plaindre ! ») ni pour un caprice (« Tu n'as manqué de rien petit »). Que nous ayons encore nos parents ou non, il y a des choses que nous avons enfouies, et que nous avons envie de remettre sur le tapis pour les mettre à jour, les comprendre, les apaiser et enfin les balayer hors de notre vie. Mais bien souvent, la pudeur dans les familles fait que ce n'est pas possible. Nous nous disons aussi que maintenant que nous sommes adultes, ce serait vraiment bizarre de reparler de cet incident qui s'est déroulé il y a dix-huit ans.

Et pourtant, faites-le ! Faites-le pour passer à autre chose ! Faites-le pour l'enfant que vous avez été ! Si vous y pensez encore aujourd'hui, c'est que tout n'est pas réglé. Comme l'effet papillon, cette chose qui peut paraître anodine peut avoir eu de grandes conséquences, des répercussions significatives, qu'il va falloir, à l'âge adulte, déloger chez le psy ou par de l'hypnose !

Et si on s'écrivait pour se libérer ? Justement, que diriez-vous aujourd'hui à l'enfant que vous étiez ?

L'effet papillon

C'est le météorologue Edward Lorenz qui a inventé cette expression en demandant si le battement d'ailes d'un papillon au Brésil pouvait provoquer une tempête au Texas, ou comment la modification d'un infime paramètre pourrait amplifier et provoquer à long terme un changement colossal.

Lettre pour l'enfant que vous étiez

Prenez un papier et un stylo (surtout, faites cet exercice à la main et pas sur un ordinateur) et écrivez une lettre comme si vous l'adressiez à vos parents. Vous pouvez placer à côté de vous une photo d'eux ou, mieux, une photo de vous avec eux datant de cette époque. Dites-leur ce qui vous gêne encore aujourd'hui, ce que vous avez ressenti lors de tel ou tel événement, qui vous a mis mal à l'aise et dont vous vous souvenez – même si cela semble insignifiant à vos yeux d'adulte. Dites-leur avec votre voix et le ressenti de l'enfant que vous étiez ce qui vous a déçu, peiné. Dites tout ce que vous avez sur votre cœur, ne vous moquez pas de vous, ne mettez pas de filtre d'adulte sur vos paroles d'enfant.
Formulez simplement aujourd'hui ce que vous n'avez pas pu formuler autrefois.

Puis lisez la lettre à voix haute en regardant la photo de vos parents, comme si vous leur parliez.

Vous pouvez aussi mettre la lettre dans une enveloppe et choisir de la brûler.

Voilà, tout est dit, tout est épuré, réparé. Vous voici libéré du poids qui vous restait de votre enfance. Soyez bienveillant avec l'adulte que vous êtes, il a protégé l'enfant que vous avez été et lui a rendu justice. Il est temps de poursuivre vos projets de vie en paix.

S'écrire quand on va bien pour les moments où l'on va moins bien…

Lettre baume au cœur

Lorsque vous vous sentez en pleine forme, écrivez-vous une lettre dans laquelle vous prenez du recul : parlez-vous en expliquant que tout ira bien, les passages à vide ne sont jamais que temporaires !

Mettez noir sur blanc toutes vos qualités, ajoutez des mots gentils et valorisants pour vous-même, teintés d'humour et de bienveillance, sans oublier quelques défauts sur lesquels vous travaillez en ce moment. Le vous du futur, réconforté par ces paroles, aura certainement le temps de régler vos petits défauts du présent !

Listez en quelques lignes toutes les bonnes actions, réussites et joies (petites et grandes) que vous avez eues dans votre vie, en couple, avec des amis, seul et avec votre famille. Parlez des activités qui vous procurent du bonheur et des personnes qui vous font du bien. Par exemple, la première ligne expliquera l'événement avec des adjectifs qualificatifs précis ; la deuxième ce que vous avez ressenti comme émotions positives ; la troisième pourra évoquer ce que les autres ont ressenti de positif grâce à vous.

Mettez ensuite cette lettre chargée de belles intentions, de force et de bienveillance dans une enveloppe. Rangez-la. Vous la relirez un jour où vous en aurez besoin, à voix haute pour vous imprégner des ondes positives !

Lettre à votre moi de demain

Si vous deviez écrire à votre moi de demain, que lui souhaiteriez-vous ?

Je vous glisse ici quelques questions que vous pouvez vous poser et qui pourront vous aider à démarrer :

- D'où est-ce que je viens ? D'où nous venons, c'est une information factuelle qui peut être traduite facilement par écrit.
- Qui suis-je ? Là, c'est une perception, elle peut même se traduire par un mantra accroché sur le frigo ou votre miroir !
- Qu'est-ce que je veux devenir ? Autrement dit, écrivez le résultat visé par vos actions.

En répondant à ces trois questions, vous tenez là un modèle de lettre que vous pouvez écrire à votre vous dans vingt ans.

Ce qui s'écrit clairement
se conçoit, s'intègre et s'applique
plus aisément.

En couchant vos souhaits sur papier, il est plus facile de les matérialiser, c'est le pouvoir de l'écriture et des affirmations positives (voir page 191).

Lorsque nous écrivons un mot d'amour, d'amitié ou de pardon, nous arrivons souvent mieux à utiliser les bons mots pour exprimer ce que nous ressentons, et ce, même si nous ne sommes pas poètes. L'émotion modifie notre souffle, notre rythme cardiaque, le canal de notre gorge et notre intonation. C'est ce que disent nos expressions : « Je n'ai pas les mots », « Je suis bouche bée », « Je ne sais pas quoi dire ». Lorsque nous écrivons, nous prenons du recul et nous pouvons mieux écrire ce que nous pensons. Et puis, exprimer quelque chose de profond en présence de quelqu'un peut déstabiliser. Son attitude et sa réaction face à nos mots peuvent modifier le cours de ce que nous voulions lui dire. Écrire est souvent plus simple, alors n'ayez pas peur, votre lettre sera la plus belle.

Écrire des *to do lists*

Je liste donc je suis. Dans le tumulte de notre quotidien et de nos dix pensées à la seconde, il est important d'écrire pour y voir plus clair.

La liste la plus courante que nous faisons, la moins engageante, la moins personnelle, est la fameuse liste de courses. Au-delà du gain de temps (très recherché dans notre société où le temps est de la productivité et la productivité de l'argent), elle permet de baisser sa charge mentale, d'avoir un esprit ordonné pour allouer ce temps à autre chose de plus épanouissant.

- Pourquoi ne pas lister **tout ce que vous aimeriez faire cette année** ? Faites deux colonnes, l'une pour les activités que vous voulez et que vous pouvez faire seul, l'autre pour celles que vous pouvez partager. Écrivez les noms des personnes avec qui vous souhaitez réaliser des souhaits de votre liste. Remarquez que vous ne ferez pas tout avec la personne qui partage votre vie, ce n'est pas un souci, au contraire !

- Créez avec votre entourage la ***sunday list*** : écrivez toutes les activités que vous pourriez faire les dimanches d'ennui. Très souvent, les idées de programme pour le week-end nous viennent le lundi, lorsque nous sommes retournés au travail, mais une fois le week-end revenu, nous ne savons plus quoi en faire, nous le laissons passer et c'est avec frustration que nous commençons une nouvelle semaine. Inversez la tendance pour démarrer le lundi plein d'énergie et de souvenirs !
- Faites aussi une ***holiday list*** : combien avez-vous laissé filer de jours de vacances sans en avoir fait des moments inoubliables ?
- La liste de **cadeaux** se révèle aussi très pratique pour ne plus être pris au dépourvu : Noël, anniversaires de vos proches, notez au fil de l'année ce qui pourrait leur faire plaisir. Vous serez sûrs d'avoir le bon cadeau, sans stress.
- Les ***love list***, que vous faisiez sûrement lorsque vous étiez petits, sont toujours vos alliées : Kevin, Benjamin ? Ou Alexandra ou Clara ? Notez les plus et les moins de chacun, ou faites de même lors d'une relation avec des hauts et des bas pour pouvoir y réfléchir. En écrivant, relisant, vous y verrez plus clair, les situations se décanteront et vous pourrez prendre des décisions.
- Même chose, dans des périodes de questionnement sur soi-même, il peut être intéressant d'écrire ce que nous pensons avoir comme **défauts** et **qualités**. Demandez ensuite à vos deux meilleurs amis, à vos parents et à votre amour de lister vos trois grandes qualités et vos trois pires défauts. Vous serez peut-être surpris ou réconfortés, en tout cas une prise de conscience sur vous vous fera avancer.

- Enfin, les adeptes de post-it pourront écrire une liste quotidienne : la ***day list*** permet d'écrire ses tâches, en nombre raisonnable, mais aussi une envie, l'objectif étant de pouvoir constater à la fin de la journée que toutes (ou presque) les actions notées ont été réalisées. Souvenez-vous au collège, lorsque votre page d'agenda était remplie de devoirs en tous genres, le plaisir que vous ressentiez lorsque vous pouviez enfin tout barrer : quel kif ultime, surtout en ce qui me concerne lorsque c'étaient des exercices de maths !

Être bien chez soi : *home sweet home*

Pour se sentir bien chez soi, la déco est très importante, l'agencement des meubles aussi, de même qu'il est essentiel d'aérer chaque jour au moins quinze minutes pour renouveler l'air de votre intérieur, souvent plus pollué que l'air extérieur.

Chasser les énergies négatives

J'aimerais vous parler de cette herbe magique, la sauge, qui va vous permettre de purifier votre maison.

Ce rituel de purification était utilisé par les cultures amérindiennes et chamaniques pour éliminer l'énergie négative d'un lieu. Vous pouvez le perpétuer chez vous, dans votre lieu de vie lorsque vous en ressentez le besoin. Il arrive que lorsque vous avez une bonne et forte énergie, des esprits s'accrochent à vous pour la « squatter » (cela arrive souvent sans que l'on s'en rende compte), c'est ainsi que vous les amenez chez vous ! Sans parler de maison hantée et sans en avoir peur, nous nous sentons parfois moins bien chez nous, fatigués, observés, nous sentons une présence. Dans ce cas, les rituels de fumigation à la sauge sont très efficaces.

De la même manière, lorsqu'il y a un changement dans votre vie, une transition (nouveau compagnon, animal, travail, déménagement), il est important que votre énergie et celle de votre maison soient remises à zéro. Écrire un autre chapitre de votre vie, partir sur de nouvelles bases sans être entravé par les énergies du passé, qui restent dans votre cœur mais aussi chez vous. C'est particulièrement vrai après une séparation ou lorsque vous emménagez dans une nouvelle maison ou un nouvel appartement, les énergies des anciens occupants doivent laisser place nette à votre nouveau foyer !

Comment procéder ?

- Cueillez ou procurez-vous de la sauge, en feuilles ou en bâton à brûler (herboristerie) : veillez à ne pas arracher la plante avec ses racines pour qu'elle puisse revenir l'année suivante, coupez juste quelques tiges au ciseau. Laissez sécher une semaine la tête à l'envers dans une pièce sombre et non humide, jusqu'à ce que les feuilles craquent.
- Avec de la ficelle, créez un rouleau en forme de cigare et placez-le dans un pot en verre dans lequel vous aurez disposé un peu de terre ou de sable pour

le maintenir en place. Allumez le rouleau à l'aide d'une allumette et laissez-le s'enflammer suffisamment avant de souffler dessus pour qu'il reste incandescent quelques minutes, le temps de votre cérémonie de purification. Une fumée va monter lentement. (Veillez à effectuer cette étape près d'un point d'eau pour pouvoir éteindre en cas de flammes.)

- Il est important de croire en ce rituel et d'imaginer que la fumée va capturer et emporter les problèmes, les énergies et les pensées négatives présentes dans le foyer pour laisser la place à de nouvelles énergies positives. Pour cela, ouvrez les fenêtres et la porte en grand, faites des courants d'air, les fumées doivent pouvoir s'échapper.

- Allez avec votre rouleau de pièce en pièce, faites danser cette fumée le long de chaque mur, dans les coins, près des meubles, afin que toute la maison soit embaumée par cette fumée chargée et purificatrice. Vous pouvez dans le même temps dire à voix haute cette prière : « Je débarrasse cette pièce de toutes les impuretés et toutes les énergies négatives qui s'opposent aux personnes qui vivent ici. Je consacre ma maison à l'amour et à la lumière. » Vous pouvez aussi donner une intention à chaque pièce. Attention, n'inhalez pas directement les fumées.

- Une fois toute la maison bien aérée, imaginez au centre une grande boule d'énergie lumineuse et protectrice qui illumine toute votre habitation et vous protège. Dans cette bulle de lumière, dites : « Que tout ce qui doit être transformé le soit, je vous en remercie. » Votre maison est désormais la vôtre.

- Éteignez le rouleau dans le verre ou en le passant sous l'eau et jetez-le, ou enterrez-le dans votre jardin.

Le feng shui ou l'art d'aménager son intérieur

Feng shui, littéralement « vent » et « eau », est un art millénaire chinois qui permet d'agencer une décoration harmonieuse, respectueuse du chi, l'énergie naturelle, afin qu'elle puisse circuler librement.

- L'entrée devra être dégagée et accueillante.

- Le salon un lieu non surchargé consacré à la détente : *exit* les meubles à coins saillants près du canapé, le canapé ne devra pas tourner le dos à la porte.

- La chambre à coucher doit offrir une atmosphère enveloppante propice au sommeil réparateur.

- La cuisine doit prévoir un plan de travail dégagé, rangez au maximum dans les placards, etc.

Retenez qu'il faut limiter le désordre (qui réduit le flux d'énergie positive et crée une pensée désordonnée), jeter ce qui est cassé, ne pas entraver la libre circulation, ajouter des miroirs qui reflètent l'énergie positive (sauf face à une porte d'entrée)…

Se déconnecter : prendre ses distances avec les ondes, mais aussi les réseaux

Les ondes sont partout !

Lignes électriques, antennes radio, appareils électroniques et électroménagers, télévisions, smartphones, box, wifi, Bluetooth… Nous sommes entourés d'ondes électromagnétiques invisibles, émises par du courant électrique à basse ou haute fréquence. Certaines ondes n'ont pas d'incidences tandis que d'autres sont nocives : l'OMS ne tire pas de sonnette d'alarme mais les classes possiblement cancérigènes. Pour certaines personnes, dites « électrosensibles », l'exposition à ces ondes est handicapante (mal de tête, douleurs, picotements, fatigue, problèmes cardiaques, etc.). Car si elles sont d'environ 100 mégahertz pour la radio, elles montent jusqu'à 800 mégahertz pour la télévision et sont de 700 à 2 600, voire plus (5G notamment) pour nos téléphones portables. Des études sont en cours : une utilisation du téléphone portable augmenterait la fréquence du risque du cancer du cerveau à partir de trente minutes par jour seulement.

Voici quelques gestes à faire au quotidien pour cohabiter sereinement avec ces champs magnétiques :

- Limitez votre exposition aux ondes, notamment celles émises par les smartphones, en utilisant un kit mains libres. Ne dormez pas près de votre téléphone, posez-le dans une pièce autre que votre chambre ou au minimum à deux mètres de vous. Éteignez-le ou mettez-le au moins en mode avion. Ne vous en servez pas lorsque vous êtes en mouvement (dans la voiture, le train) : votre appareil multiplie le volume d'ondes pour capter un signal afin que vous puissiez passer vos appels. Le téléphone fixe n'est pas en reste : sa base diffuse des ondes en continu. Évitez de le mettre dans le salon !
- Éteignez votre box la nuit.

- Les ondes utilisées par un micro-ondes font cuire des aliments grâce à leur puissance (de l'ordre de 1 000 watts contre 2 watts pour un téléphone). Elles agitent des molécules d'eau contenues dans les aliments, ce qui permet de les chauffer. Ne restez donc jamais près du micro-ondes pendant qu'il est en action ; nous sommes constitués à 60 % d'eau, imaginez les dégâts sur nos cellules !
- Remplacez vos ampoules classiques par des leds.

Sous hautes fréquences

Les technologies sans fil émettent des ondes électromagnétiques, les hyperfréquences. Mais elles ne sont pas les seules. Vous avez peut-être entendu parler du réseau Hartmann, ce réseau énergétique qui parcourt la terre (ou réseau tellurique). La terre émet en effet des champs électromagnétiques, en forme de maillage, plus exactement des rayonnements qui peuvent être détectés avec des outils géobiologiques (antenne de Lecher, baguette de sourcier, pendule). Ces rayonnements se déplacent et varient en fonction de la lune, des eaux souterraines. Ainsi, il peut être intéressant de faire étudier le réseau électromagnétique d'un terrain avant d'y faire construire sa maison. Si le maillage est régulier et large, le lieu est sain. S'il existe de nombreux nœuds, il faut peut-être sonder le terrain pour y chercher une faille (une source, par exemple).

Je connais plusieurs personnes qui ont eu de graves problèmes de santé. Après le passage d'un sourcier, on a pu observer qu'une personne qui faisait des AVC à répétition avait un réseau électromagnétique terrestre ou une source qui passait juste au niveau de son oreiller ! Un homme atteint de cancer de la prostate dormait depuis des années avec ces rayonnements négatifs sous le sol qui passait en plein milieu de son lit, au niveau de son bas-ventre. D'ailleurs, peut-être que vous avez du mal à dormir dans votre lit, que vous faites des insomnies ou que vous vous levez le matin épuisé ? Cela peut être à cause de ces « sources » qui perturbent votre sommeil et vous empêchent de vous recharger pendant la nuit. Consciemment, nous ne les sentons pas, mais pendant la nuit nous les fuyons, voilà pourquoi même si nous avons un lit immense, il arrive que nous nous déplacions jusqu'à un minuscule recoin de notre matelas pour nous éloigner inconsciemment du réseau tellurique pathogène et ne pas dormir dessus ! Les jeunes enfants font ça d'eux-mêmes, les animaux aussi ! Vous retrouvez ainsi votre bébé totalement à l'envers dans son berceau et pas en plein milieu comme vous l'aviez laissé endormi ; il a fui les ondes émises par les réseaux. Votre chien ne reste pas couché « à sa place » sur son tapis ou dans sa niche mais va de lui-même à un autre endroit, moins pathogène.

Ceux qui font équipe avec leurs instincts et leurs ressentis arrivent à mieux percevoir ces endroits : ils se sentent mieux ou moins bien. Moi aussi, je ne crois que ce que je vois, et lorsqu'un sourcier vient assainir votre maison avec sa baguette ou son pendule, c'est impressionnant !

Vous n'y croyez pas ? Pourtant, les églises romanes, les cathédrales ont toutes été construites sur des réseaux dits « sacrés » , de même qu'y poussent les plus beaux arbres. Généralement, les autels sont placés aux endroits où l'énergie positive est mesurée la plus forte puisqu'ils se trouvent sur les bons maillages telluriques.

Une digitale détox ?

Ah ! les réseaux sociaux… Cette réalité entièrement créée semble devenue plus importante que celle dans laquelle nous vivons. Lorsque nous sommes dans les transports, que nous attendons un rendez-vous, que nous nous ennuyons, et même lorsqu'on ne s'ennuie pas d'ailleurs, nous vivons sur, par et pour nos réseaux. Nous avons l'impression que tout le monde est plus épanoui, passe de plus belles vacances ou vit un quotidien plus extraordinaire que le nôtre. Cette perception devient source de frustration et nous empêche d'atteindre le bonheur.

Bien sur nous adorons cumuler le nombre d'abonnés à nos comptes Instagram, Facebook, Snapchat ou autres et regarder des vidéos sur TikTok, avoir autant d'amis virtuels qui likent nos photos pour n'être en réalité que tout seul face à nos écrans ? Et si nous mettions à profit tout ce temps consacré aux réseaux pour voir nos proches et bouger à l'extérieur ? Même les influenceurs se coupent des réseaux le temps d'un week-end pour se ressourcer et vivre pour de vrai avec leur entourage, sans penser à la prochaine photo qu'ils vont poster. Et puis, il est temps d'arrêter de croire que tout ce que l'on peut voir est vrai, que les autres ont une vie plus douce et plus belle que la nôtre. Arrêtons de vivre notre vie par procuration, vivons pour de vrai !

Les influenceurs… et les autres

Nous avons tous tendance à choisir le camp des leaders, des hyperactifs, toujours tout sourire et dotés d'une énergie débordante. Je voudrais vous donner mon sentiment sur la (sur)exposition virtuelle, sur cette surenchère sans fin.

- Ne vous est-il jamais arrivé de poser votre téléphone après être resté scotché dessus deux heures et demie d'affilée, temporairement satisfait de votre dernière photo ou challenge posté qui aura, au final, toujours moins de likes que vous l'avez imaginé ?

- Ne vous est-il jamais arrivé de regarder les posts des autres et de ressentir un décalage en votre défaveur ? Vous vous dites : « C'est bizarre, ma vie est moins colorée… » C'est peut-être tout simplement parce que la vraie vie n'est pas aussi colorée que le permettent les filtres des réseaux sociaux.

Notre époque est atteinte de FoMO (*fear of missing out*), autrement dit la peur de rater quelque chose, une nouvelle importante donnant une occasion d'interagir socialement, d'être en ligne et de le faire savoir.

Les réseaux ne sont que l'art de sublimer superficiellement la réalité.

Devant les écrans, tout est simple, sublime, *bright*. Une vie brillante ne se compte pas en likes ou en vues, seule compte l'authenticité des sentiments que l'on éprouve pour soi et ceux que l'on aime.

La vraie clé est de comprendre et d'accepter la différence entre ces deux réalités, sans frustration.

Aujourd'hui je ne suis plus la mode, je Suis moi. Demain je ne suivrai plus la mode, je Serai moi.

Je suis : du verbe **être** ou du verbe **suivre** ?

À force de vouloir suivre le monde, nous en venons à oublier de devenir qui nous sommes. À la première personne de l'ego (moi je), le verbe *suivre* et le verbe *être* se confondent : je suis ! Pourtant, « être » signifie vivre une réalité, par extension regarder en soi, devenir son propre modèle, se réaliser, tandis que « suivre » signifie être derrière, chercher autour de soi le modèle à copier, à défaut d'avoir sa propre perception de la vie. Entre devenir qui je suis et suivre une personne ou des tendances, j'ai vite choisi. Et vous ?

L'original est toujours mieux que la copie.

Prendre de la hauteur

Trouver le sens de sa vie

Trouver sa mission sur terre, c'est se trouver soi-même.

Chaque personne a un point de départ, comme pour une course d'orientation. Certaines trouveront assez rapidement leur mission, d'autres la découvriront au cours de leur vie, d'autres encore à la fin de celle-ci. Ce n'est pas grave, elles la poursuivront dans la prochaine. Votre mission peut être ressentie dès le plus jeune âge comme elle peut émerger après de nombreuses épreuves, questionnements, remises en question ou retraites spirituelles.

Mais pour trouver sa mission, encore faut-il savoir qui nous sommes.

L'énigme de départ est à deux inconnues ; la somme, le résultat sera le bonheur.

Être soi-même + effectuer sa mission = bonheur.

L'ascension vers le mont Soi

Telle une randonnée pour devenir soi-même, il faut un peu d'entraînement, de bonnes chaussures, des victuailles dans le sac à dos et beaucoup d'eau. Pendant votre ascension jusqu'au mont Soi, vous aurez des ampoules, des crampe. Aussi, vous croiserez des personnes qui vous décourageront et vous diront que la montée est vraiment longue. Que pour être heureux « comme elles », le bonheur réside dans la possession de matériel et d'argent. Vous trébucherez certainement sur des cailloux (l'influence des autres et leurs croyances qui ne vous appartiennent pas), rochers ou racines qui vous feront glisser lorsque la pente est raide (certaines personnes vous préfèrent malheureux que trop radieux, vous en connaissez sûrement). Vous rencontrerez des obstacles en tous genres (doutes, événements à gérer et à digérer). En cours de chemin, vous manquerez peut-être d'eau, mais vos compagnons de route ou ceux que vous aurez croisés ou encore une source trouvée inopinément vous apporteront une eau lumineuse, sincère et bienveillante, vous ne vous déshydraterez pas. Peut-être que vous n'oserez

pas leur faire confiance ni boire à leur bouteille, vous poursuivrez votre route. Peut être passerez-vous à côté de personnes abonnées aux rocailles puis devenues méfiantes à leur tour.

Il dépend de votre bon vouloir de regarder où vous mettez les pieds lors de votre ascension. Pensez à profiter des moments seul avec vous-même pour réfléchir et marcher à votre rythme, vous saurez savourer au mieux les moments d'échange lors de vos rencontres en chemin.

La seule erreur à ne pas commettre lors de cette ascension, c'est de vouloir suivre un autre marcheur : **vous n'avez ni le même rythme ni la même destination**. Dans la vie, rien ne sert de vouloir ressembler à une personne, même s'il est tentant de se laisser porter par l'autre…

Prenez votre temps et devenez explorateur de votre vie et de vos pensées.

Autorisez-vous à être un peu « égoïste », à vouloir des moments seul, sans sorties, sans présence, juste du calme et du temps pour faire en toute liberté et en pleine conscience ce que votre cœur vous propose de faire. C'est dans le silence que l'on entend le mieux son âme. Chaque vie est unique, chaque personne est unique et chaque mission, elle aussi unique, est attribuée à une seule personne.

Pour mettre cela en pratique, prenez le temps de bien respirer, dormez suffisamment, alimentez-vous sainement et communiquez mieux, échangez plus, aidez autour de vous et laissez-vous aider par ceux qui randonnent plus ou moins hardiment vers leur propre sommet.

Entourez-vous de personnes saines, qui se posent aussi des questions, qui échangeront sans filtres et sans jugement.

Amis marcheurs en quête de votre vous, chaussez vos baskets, prenez votre bâton et en avant marche sur votre propre pèlerinage !

Devenir enfin soi-même

Rappelez-vous, la seule chose qui nous empêche d'avancer dans notre vie est la façon erronée dont nous nous percevons. Ce n'est d'ailleurs pas tant la personne que nous pensons être qui nous empêche de faire que la personne que nous ne pensons pas être.

« Je ne suis pas assez bien », « pas assez courageux », « pas assez dégourdi », « pas assez… », etc. Même les plus grands optimistes ont toujours une vision d'eux plus limitante que ce qu'ils sont en réalité. La modestie est bien sûr importante. Mais s'il y a un endroit où rien ne doit être limité, c'est la façon dont nous nous percevons : nous devrions tous nous entraîner à dire : « Oui, je m'aime ; oui, je suis capable ; oui, je réalise mes rêves ; oui, je suis moi-même ; oui, je mérite les bonnes choses qui m'arrivent ! »

Si les plus grands optimistes se disent qu'ils auraient pu mieux faire, les pessimistes disent : « Je referai tout différemment. » Le sage, lui, accepte chaque jour qu'il soit sur le bon chemin et que, jour après jour, il devient qui il est. À la question : « Et si c'était à refaire ? », il répond : « **Je ne changerais rien, mes joies et mes échecs ont été vécus pour que j'apprenne et que je puisse être aujourd'hui un peu plus moi-même qu'hier et assurément moins que demain**. »

Pardonner au passé

Le passé est le garant, le pilier, de notre présent, il doit être solide et positif. Dans le cas d'une enfance compliquée, le présent servira d'observatoire pour savoir ce que nous ne voulons plus vivre aujourd'hui. Le passé, vécu positivement ou non, doit toujours rester à une place d'enseignement. Il ne doit pas être un fantôme errant dans notre présent. Pour cela, le pardon est fondamental pour laisser au passé sa place d'enseignant et non de détracteur du présent. Le passé ne doit pas être un bourreau pour celui qui a souffert et qui en a gardé des séquelles, comme il ne doit pas être un référent permanent pour celui qui aimait le passé, le chérissait et qui en est nostalgique. **Il est essentiel que le passé laisse la place au présent, de pardonner afin de vivre serein.** Enveloppons-nous dans cette couverture du pardon, en nous disant à haute voix s'il le faut qu'il est normal de faire des erreurs et que nous sommes une personne au grand cœur. Il est aussi important de pardonner à l'autre ses erreurs passées et celles à venir. Chaque jour, nous grandissons les uns à côté des autres et devenons un peu plus nous-mêmes.

Se mettre sous la protection des anges : croire aux signes

Un peu sorcière sur les bords

Lorsque j'étais petite, je rêvais d'être une sorcière. Je passais beaucoup de temps dans la cabane en bois au fond du jardin à faire macérer des mixtures d'eau, de fleurs et de pissenlits, que je filtrais puis versais dans des éprouvettes en verre. Je fabriquais ainsi des philtres d'amour. Après tout, avec l'intention que j'y mettais, peut-être que, sans le savoir, ça en devenait vraiment ? On est tous un peu sorciers par nos intentions ! Quoi qu'il en soit, presque tous les garçons de mon école étaient amoureux de moi. Peut-être aussi parce que nous étions seulement trois filles !

À l'école, lorsque le maître nous demandait de dessiner notre famille, je me représentais déjà au milieu de mes parents et de mon frère avec de longs cheveux rouges ! Ce n'est que des années plus tard, alors que j'étais adolescente, que j'ai tenté pour la première fois cette métamorphose. Depuis, j'ai conservé ma chevelure rouge sans interruption, à tel point que pendant les longues semaines de confinement vécues en 2020, j'ai redécouvert avec émotion ma vraie couleur de cheveux. Peut-être qu'inconsciemment, j'ai choisi cette couleur qui laisse voir mon côté mystique à qui veut bien le percevoir.

Quand d'autres rêvaient d'être chanteuse ou pompier, moi, c'était sorcière. Mais ce don n'était pas inné : j'oubliais parfois de filtrer mes potions et en plein été, l'odeur de macération était loin d'être celle des hydrolats de fleurs ! Parfois, mon père entrait dans le cabanon et jetait ces mélasses gluantes qui pourrissaient de loin l'air environnant du jardin. Pourtant, je pensais avoir une aptitude. Ce n'est que plus tard que j'ai pu me rapprocher davantage de ce que signifie la magie pour moi. En grandissant, j'ai compris que ce qui m'intriguait n'était pas tant les sorciers que ceux qu'on appelle aujourd'hui les « guérisseurs » ou les « sourciers ».

Y croire

À mes 12 ans, j'ai fait un « remake du bébé crapaud » (voir page 106). Me voici de nouveau couverte d'eczéma, mais cette fois ado. Pendant plusieurs mois, j'ai eu des plaques rouges et chaudes sur le visage et le corps. Mes parents m'ont emmenée sans grande conviction chez un rebouteux barreur de feu. Grâce à l'imposition de ses mains, il m'a guérie. Le lendemain matin, l'eczéma avait disparu, plus aucune trace de rougeurs ! Et je touche du bois : à ce jour, ce n'est plus revenu !

J'ai tellement de fois fait l'expérience de l'énergie universelle, de l'énergie et des âmes, que je peux vous jurer que vous ouvrir à l'impalpable, à l'invisible, vous permettra de résoudre de nombreuses choses dans votre vie.

Des années plus tard, j'ai participé à des stages en géobiologie ou à des retraites spirituelles, où j'ai appris à manier le pendule, la baguette, à ressentir l'énergie de tout ce qui nous entoure (arbres, objets, personnes). Je me suis rapprochée des énergies positives, éloignée des énergies négatives (lieux, personnes, etc.). Le troisième jour du stage, nous avons fait un jeu d'équipe ; nous devions déterminer avec nos pendules plusieurs points indiquant la présence d'une source dans un verger et dessiner son tracé sur un plan. Avec l'entraînement et le ressenti et grâce à mon pendule qui me répondait ce que l'« énergie universelle » lui soufflait, j'ai dit à mon professeur qu'à cet endroit bien précis, il y avait une source. Il m'a regardée et m'a interrogée sur ce que j'avais demandé à mon pendule. J'ai répondu : « J'ai demandé : "Est-ce que de l'eau se trouve ici précisément ?" » Rappelez-vous, même sans pendule, lorsque l'on demande quelque chose à l'univers ou à nos anges gardiens, il faut toujours être très précis. Mon professeur m'a dit : « Tu as trouvé de l'eau, notre exercice est de trouver des sources. » Effectivement, mon pendule avait bien répondu à ma question puisque c'était bien l'eau… d'une canalisation souterraine !

La rencontre de deux âmes, sous le signe de là-haut

J'étais dans une période de ma vie où je sortais beaucoup. Je me cherchais, je venais de me séparer de mon amour de jeunesse, j'étais en quête de savoir qui j'étais ou plutôt qui je souhaitais devenir. Je suis allée faire un pèlerinage avec mon père et mon cousin. Nous avons marché 25 à 30 kilomètres par jour, à travers forêts, vignobles et champs, c'était magnifique. Nous nous arrêtions chaque soir dans des couvents, où les religieuses proposaient le gîte et le couvert aux marcheurs empruntant le chemin de Saint-Jacques-de-Compostelle. Les pieds meurtris mais le corps rempli de bonnes énergies, je m'endormais facilement. Dans cette chambrette calme, sans télé ni téléphone, sans réseau, il n'y avait qu'un petit lit de bonne sœur, une douche et des W.C., sans oublier une table de nuit avec la Bible posée dessus. Cela me laissait tout le temps de réfléchir, de méditer et de me demander si ma vie convenait ainsi et ce que je pouvais mettre en œuvre pour me rapprocher encore plus de ma mission.

À vrai dire, si j'ai fait ce pèlerinage, c'est que je réfléchissais beaucoup aux sentiments agités que j'éprouvais pour une personne. J'étais chamboulée par quelqu'un qui m'était diamétralement opposé, un homme qui, de surcroît, avait plus du double de mon âge. Impossible d'en parler à mes parents qui balaieraient d'un revers de la main l'idée ! J'étais donc seule avec mon éducation, la bienséance, la raison et mon ressenti.

Parfois, mon père me regardait marcher et je souriais sans rien dire. Je pensais à cette personne, à ce soleil, à cette âme si brillante et si lumineuse qui m'attirait tant. Peu importe nos caractéristiques terrestres et nos dates de naissance : 24 ans, 50 ans, c'est vrai qu'à l'écrit, ça fait une grosse différence ! Et pourtant. Le deuxième jour de pèlerinage, en marchant, je pesais dans ma tête le pour et le contre ; le contre était le qu'en-dira-t-on, le pour était inexplicable, mais si évident. C'est là que je me suis dit : « Je vais demander là-haut qu'ils me donnent une réponse, un signe, quelque chose qui me dira si je suis sur ma bonne voie en m'engageant avec cet homme auquel la société m'oppose. » Alors, j'ai demandé : « Est-ce que Roger est fait pour moi ? » Bien sûr, je n'ai pas eu de réponse instantanée et audible. Mais, alors que je continuai à marcher, soudain, j'ai vu devant mes baskets un caillou, l'unique caillou du chemin, d'ailleurs. Il m'intriguait car il n'était pas comme un simple caillou égaré au milieu d'un chemin lisse de terre battue. Il ressemblait plutôt à un petit morceau d'agglo égaré alors qu'il n'y avait pas le moindre chantier à l'horizon. En passant à côté de ce caillou, j'ai cru apercevoir une inscription dessus. Non, ce n'était pas possible… Je repris le chemin, en constatant qu'il n'y avait effectivement pas d'autres pierres par terre. Au bout de 800 mètres, toujours bloquée sur ce drôle d'objet, j'ai décidé de rebrousser chemin, malgré mes ampoules aux pieds et mes muscles douloureux. J'ai dit à mon père : « Attends, je fais vite demi-tour, j'ai vu un caillou. » Il s'est moqué de moi en me disant : « Hé ben, 30 kilomètres, ça ne te suffit pas, tu fais des kilomètres supplémentaires ! Demain, on peut marcher plus longtemps alors ! » En petites foulées pour ne pas perdre de temps, je me disais : « Tu es totalement perdue, ma fille, tu rebrousses chemin pour un caillou ? » Arrivée à sa hauteur, je l'ai pris en main et j'ai constaté qu'il y avait bien une inscription dessus, on voyait distinctement la lettre R. J'avais ma réponse.

À mon retour du pèlerinage, je suis allée voir Roger pour lui donner cette pierre, symbole physique et palpable de la rencontre divine de nos deux âmes, validée par le « tout là-haut ».

Quelques semaines plus tard, je suis allée me faire masser chez une dame qui m'aide à me recentrer et à remettre mon énergie en place. Par des massages ayurvédiques profonds, elle se place en canal récepteur de l'énergie universelle et me la partage. Ce jour-là, en fin de massage, elle m'a fait part de son sentiment comme à chaque fois. « Delphine, je te trouve relativement en forme, tu avais une bonne énergie. Mais dans ton aura et pendant toute la séance, j'ai ressenti très fortement la présence d'une énergie de quelqu'un d'autre, d'un homme plus âgé, c'est très bizarre, ce n'est pas l'énergie d'un ange gardien ou d'une entité, mais tu as en toi la trace énergétique très lumineuse d'un homme qui t'est bénéfique. »

C'est ainsi que j'ai compris que nos âmes s'étaient trouvées.

Nos anges gardiens

L'univers, accompagné de nos anges et dans la ligne de notre destin, répond toujours à nos questions. Parfois, nous avons l'impression que notre demande n'a pas été entendue, c'est simplement que nos anges nous demandent d'être patients. Là-haut, il existe plusieurs réponses possibles à nos vœux sincères et bons. Soit nos anges nous aident à les réaliser, et cela ira relativement vite (n'oubliez pas de remercier à ce moment), soit ils nous demandent d'attendre, quelque chose de différent et de mieux se prépare pour nous. Faites-leur confiance, ils vous envoient régulièrement des signes pour attester leur protection.

Les synchronicités

Qui n'a jamais cru voir un signe qui nous pousse à choisir tel ou tel chemin lorsque nous sommes en pleine interrogation ? Simple coïncidence ou signe de l'univers ?

On peut dire que ces signes sont la projection matérialisée de notre pensée, de nos désirs, favorisée par l'intuition et les rêves. Loin d'être farfelus, les signes du destin sont ce qu'on appelle en mathématiques des « probabilités » : des résultats qui paraissent improbables, mais qui sont possibles.

Apprenez à repérer ces signes, à voir des liens entre des événements pour y voir plus clair et dessiner votre propre route. Surtout, écoutez votre intuition qui en sait long sur vous !

La vieille boîte enterrée

Un soir de 2008, nous nous étions réunis avec mes amis d'enfance. Certains étaient venus à vélo, d'autres à scooter. Moi, j'étais à pied et j'avais emporté des feuilles et des stylos. Nous avons tous écrit un mot avec nos souhaits pour plus tard et les avons placés dans une boîte métallique que nous avons enterrée. C'était le 14 juillet 2008, et le but était de déterrer les mots le 14 juillet 2018. Dix ans plus tard, c'est ce que nous avons fait, quelle émotion ! Lorsque nous nous sommes réunis de nouveau, une décennie plus tard, c'est solennellement que nous avons commencé à pelleter. Nous nous souvenions que nous avions déposé nos vœux à environ 20 centimètres sous terre. Le plus gaillard d'entre nous donnait des coups de pelle jusqu'au moment où il a dit : « Quelqu'un a dû déterrer la boîte, il n'y a rien ici. » Nous étions partagés entre la déception et la panique ; ce n'était pas possible ! Était-ce l'entretien des arbres de l'école qui bordait la zone qui l'avait malencontreusement fait ressurgir ? Dans ce cas, est-ce que quelqu'un détenait nos rêves les plus secrets ? Nos mots étaient signés de notre nom, prénom et âge de l'époque ; dans notre petit village, il était facile de nous identifier. Certains d'entre nous commencèrent à douter de l'emplacement. Après tout, nous nous étions peut-être trompés, tout cela datait de dix ans et notre mémoire pouvait être brouillée. Trois essais et trois trous plus tard, je dis, amusée et avec fierté : « Écoutez, on va essayer le tout pour le tout ; je vais demander à mon grand-père, à voix haute. » Mon grand-père était décédé cinq ans plus tôt, mais le lien entre nous était si fort que j'espérais qu'il m'aiderait. « Papapa (c'est comme ça que je l'appelais), s'il te plaît, peux-tu nous dire où se trouve la boîte avec nos mots ? » Les autres n'en revenaient pas, mais restaient muets et attentifs, attendant une réponse. Quelques secondes après, je demandai de creuser précisément à un endroit, environ un mètre à côté du trou initial. J'avais ce ressenti très vif, il devait m'être soufflé ! Très vite, la pelle rencontra la petite boîte métallique qui revit enfin la lumière du jour. « Merci, Papapa !!! » Comme je fus réconfortée de constater une fois de plus que lorsque l'on perd un être cher, son âme reste en communication avec la nôtre… Aujourd'hui, mon grand-père me laisse chercher plus longtemps, il m'apprend la patience. En 2018, il devait savoir qu'il fallait soulager instantanément son orpheline.

C'est donc une boîte rouillée et pas tout à fait étanche que nous avons eu la joie de retrouver et qui nous a livré le trésor de nos rêves. Certains d'entre nous étaient plus chanceux, leurs mots étaient suffisamment bien conservés pour pouvoir les lire quand d'autres étaient effacés par les neuf hivers qui avaient gelé pour toujours l'année de leurs 16 ans. Tous mes rêves étaient exaucés ou presque : mes parents étaient toujours en bonne santé, j'avais eu mon bac et j'étais toujours avec mon amour d'adolescence, une histoire qui a quasiment duré le temps de cette boîte enterrée. En revanche, j'avais demandé une protection pour mon grand-père et mon premier chien, Paypper, mais ils sont partis entre-temps. En dix ans, pour nous tous, beaucoup de choses avaient changé : des amours s'étaient fanées, d'autres étaient nées, des appareils dentaires avaient été retirés et notre acné avait disparu, laissant apparaître des jeunes hommes et des jeunes femmes qui avaient tous déjà pris des chemins différents.

Le temps de l'éveil

L'éveil spirituel, c'est l'éveil à soi dont je vous parle depuis le début de ce livre.

Il peut avoir lieu chez vous, mais aussi hors de votre lieu de vie et de vos habitudes, où il est plus facile de prendre conscience de soi, sans votre quotidien ultrarempli par les distractions et les obligations du foyer.

Le contact avec la nature, les plantes, les arbres, les animaux permet cette connexion, de même que de nourrir sa créativité et des pensées positives. Les retraites spirituelles, havres de paix loin de tout, sortes de retour aux sources, vous permettent un lâcher-prise total qui vous amènera à être plus connectés, à ouvrir votre troisième œil, le canal de l'intuition, ce point d'énergie situé entre les yeux qui est relié par un fil d'énergie aux informations de l'univers. Ces retraites sont aussi de fabuleuses expériences de vie, un espace hors du temps pour révéler une personne dont la conscience spirituelle s'est enfin réveillée. Cure ayurvédique, cure de silence, diète, retraite dans un monastère, atelier autour de la terre, yoga, méditation, randonnée, trouvez la retraite qui correspond à vos besoins pour enfin vous trouver et ne plus vous quitter.

Conclusion

C'est la fin du livre, mais le début du reste de votre vie.

J'espère que ce voyage vous a plu. Moi, j'ai adoré le faire avec vous et pour vous.

Mon souhait le plus cher est qu'après avoir lu ce livre, vous soyez pleinement et sereinement convaincus qu'à présent, tout ira bien.

Commencez dès à présent l'aventure de votre vie. Vivez-la de manière plus optimiste, créative, plus mystique aussi.

Avec tendresse, je vous envoie mon énergie du moment, à vous l'inconnu(e) ou l'ami(e) qui m'avez découverte différemment, mais telle que je suis en vérité. Je suis curieuse de savoir ce que vous réaliserez en premier… Alors, écrivez-moi, partagez-moi votre ressenti !

Surtout, aimez-vous. Car vous êtes la plus belle chose qui puisse vous arriver. S'aimer est sans doute la clé essentielle pour se réaliser. Charlie Chaplin l'avait bien compris :

> « *Le jour où je me suis aimé pour de vrai, j'ai commencé à me libérer de tout ce qui ne m'était pas salutaire, personnes, situations, tout ce qui baissait mon énergie. Au début, ma raison appelait ça de l'égoïsme. Aujourd'hui, je sais que ça s'appelle Amour Propre.* »

C'est tout ~~le mal~~ le bien que je vous souhaite !

Sincèrement vôtre,

Delphine.

Remerciements

Merci à :

Beryl Stroup, pour son accueil dans son univers soigné et élégant et la mise à disposition de ces vêtements hellomoon, si beaux (www.hellomoon-shop.com).

Heike de l'association ASAVE (Association sauvetages des animaux, végétalisme et écologie). Reconnue d'utilité publique, l'association propose également des conférences et ateliers pour la transition au niveau communal, l'accompagnement des communes, agglomérations et institutions pour le pacte pour la transition, des interventions sur la biodiversité dans les écoles et des ateliers intitulés « la fresque du climat ». Heike m'inspire et me touche depuis des années par son combat pour le respect de la nature et son aide pour les animaux, sa belle maison au bord du lac et sa vie entourée de ses chiens recueillis dans le monde entier. Je sais qu'un jour elle écrira aussi son propre livre sur comment consommer pour une meilleure transition écologique et le plein respect des animaux (www.asave.net et contact@asave.net).

Catherine et **Michel Keiflin**, pour leur accueil dans leur magnifique potager.

Adrien Manikon, ingénieur en web développement, pour son aide incommensurable lorsque mon ordinateur a perdu l'intégralité de ce que j'avais écrit, à deux reprises. À un moment, j'ai presque voulu tout arrêter, pensant que c'était un signe et que je ne devais pas continuer. Sa patience et sa disponibilité ont permis à ce livre de voir le jour (manikon.com).

Aria Crescendo @aria.official, **Julie Dumoulin** @happyngood, **Justine Gallice** @justinegallice et **Alexandre Rea** @rea_alexandre, pour leurs exercices.

Maxime Dubois @maximedubois_mofcoiffure aux mains d'or, mon coiffeur-artiste qui sublime mes cheveux tant par leurs couleurs que par ces brushings incroyablement parfaits.

Laura @labeautechezl de l'institut La Beauté chezL, ma perle, mon amie et esthéticienne depuis de nombreuses années, pour la beauté des mains et des pieds.

Géraldine @geraldine_balthazard_stylist, pour la mise à disposition de stylisme.

Laurence et **Sam**, pour ces magnifiques photos, authentiques et particulières.

Océane @nocëaë, celle que j'ai cherché si longtemps...
Merci pour ton écoute, ton implication, merci pour tes couleurs et ta poésie. Tes illustrations et mon histoire se mélangent si parfaitement pour donner une vie particulière à ce livre !

Merci à **Aline**, **Marie-Anne** et **Cyrielle** des éditions First, d'avoir cru en mon projet. Il m'est venu un matin et j'ai écrit et réécrit pendant deux heures. C'est avec ce premier jet, sans avoir jamais osé penser écrire un jour mon livre, que je me suis présentée à elles. Leur accueil et leur énergie, la facilité de communication, leur engouement et leur sourire ont fait que j'ai tout de suite su que j'étais au bon endroit pour donner naissance à mon tout premier livre.

Merci à **Johanna**, ma belle étoile, pour son soutien et son optimisme.

Merci à **Olivier Goujon**, auteur de *Harribitxi*, ce livre qui a changé ma vie et m'a donné envie de transmettre, comme lui, avec les mots les plus justes et les plus beaux.

Merci à **Maud**, ma meilleure amie. C'est en voulant te redonner le sourire que tu m'as aidée à verbaliser ma philosophie, à inventer mes métaphores farfelues et à créer, avec tout mon amour pour toi, mes thérapies qui ont fonctionné et que je partage aujourd'hui pour, je l'espère, aider les autres.

Merci à **Jérôme**, mon premier amour et aujourd'hui mon meilleur ami. Nous avons grandi ensemble, nourri l'un près de l'autre nos vies et développé l'un avec l'autre notre attention si particulière à la nature, à l'alimentation et aux animaux.

Merci à mon chien, mon beau **Haïco**, si important pour moi, qui, depuis des années, joue le jeu pendant les séances photo. Notre communication est parfaite, je vous souhaite la même grâce au temps, à la répétition et à l'amour.

Merci **Mon Amour**, **Roger**, mon binôme. Merci pour son amour, son sourire, sa protection et sa douce légèreté. Il a accepté mes journées entières d'écriture, a assumé mes nombreuses courtes nuits, réveillée par les idées qui surgissaient. Il a accompagné mes doutes et mes interrogations. Il a même fait l'impasse sur de nombreux déjeuners ou dîners. Plus le temps de cuisiner, ni de faire de grasses mat', ni de se laver les cheveux, d'ailleurs !

Lorsqu'on écrit, cette seule chose compte, on oublie tout le reste tant on façonne ce bébé mot après mot ; on souhaite se livrer si parfaitement que chaque nature et couleur de phrase, chaque ponctuation compte. Ce travail a été fait aux côtés de ma muse :

Ma **Fabienne**, merci d'avoir été à mes côtés, du début à la fin. Fabienne m'a permis de structurer mon texte, ces chapitres qui allaient parfois loin, loin… Si tout est clair et fluide, c'est grâce à son expérience et sa générosité. Je l'adore. Oui, Fabienne est ma muse, on arrive à savoir ce que l'une pense et on finit les phrases de l'autre. On se ressemble dans nos goûts des phrases et dans nos goûts dans la vie : elle aime comme moi la soupe végé thaïe et la glace à la violette. Ce livre est mon bébé, elle est la marraine.

Merci à **mes parents** pour la vie qu'ils m'ont offerte. Merci à mon frère pour l'attention particulière qu'il a toujours eu pour sa petite sœur. Ma famille m'a donné une enfance heureuse et sereine avec beaucoup de libertés, me créant des souvenirs incroyables avec mes amis à la campagne ! Mes parents m'ont transmis les valeurs d'humilité et d'exigence de soi qui ont été mes atouts pour en arriver là où j'en suis aujourd'hui. Grâce à leur éducation, j'ai toujours gardé la tête sur les épaules et les pieds bien sur mes terres alsaciennes que j'aime par dessus tout !

Les événements inattendus et les interrogations sur mon nouveau destin nous ont chamboulés, mais ils ont tenu bon et nous avons tous grandi ensemble.

Je suis fière de vous, je vous aime.

Enfin, merci à toi, là, en haut, **mon âme sœur**.